高校财务管理实践研究

李莹　陈文静　高志毅　著

中国纺织出版社有限公司

内　容　提　要

本书从高校财务人员的实际工作内容出发，对高校财务管理实践内容进行了深入研究。全书共九章，包括高校财务管理概述、高校财务目标与决策、高校财务控制与预算、高校财务风险管理、高校财务与社会责任、高校财务治理与监督、高校财务人才培养与队伍建设、高校财务信息化建设、高校财务改革与创新。本书对新时代高校财务管理制度的优化与创新做了系统阐述，对新时代高校财务管理人员的实践探索及高校财务管理专业知识的研究具有一定的借鉴意义。

图书在版编目（CIP）数据

高校财务管理实践研究 / 李莹，陈文静，高志毅著. ——北京：中国纺织出版社有限公司，2024.11. —— ISBN 978-7-5229-2277-5

Ⅰ. G647.5

中国国家版本馆 CIP 数据核字第 2024PD6779 号

责任编辑：史　岩　　责任校对：高　涵　　责任印制：储志伟

中国纺织出版社有限公司出版发行
地址：北京市朝阳区百子湾东里A407号楼　邮政编码：100124
销售电话：010—67004422　传真：010—87155801
http://www.c-textilep.com
中国纺织出版社天猫旗舰店
官方微博 http://weibo.com/2119887771
天津千鹤文化传播有限公司印刷　各地新华书店经销
2024年11月第1版第1次印刷
开本：710×1000　1/16　印张：13.25
字数：207千字　定价：99.90元

凡购本书，如有缺页、倒页、脱页，由本社图书营销中心调换

目录

第一章　高校财务管理概述　/1

第一节　高校财务管理的概念和定义　/1
第二节　高校财务管理的重要性和作用　/12

第二章　高校财务目标与决策　/23

第一节　高校财务目标的设定与实现路径　/23
第二节　高校财务决策的理论与方法　/37

第三章　高校财务控制与预算　/45

第一节　高校财务控制的原理与实践　/45
第二节　高校财务预算的编制与执行　/55
第三节　C高校财务预算控制案例研究　/63

第四章　高校财务风险管理　/69

第一节　高校财务风险管理的理论基础　/69
第二节　高校财务风险的识别与评估　/75
第三节　高校财务风险管理实践案例分析　/80

第五章　高校财务与社会责任　/85

第一节　高校财务与社会责任的内在联系　/85
第二节　高校财务社会责任的实践路径　/91
第三节　高校财务社会责任的评估与认证　/98

第六章　高校财务治理与监督　/107

第一节　高校财务治理的原理与实践　/107

第二节　高校财务治理的主体与机制　/116

第三节　高校财务治理与监督的效果评估　/121

第七章　高校财务人才培养与队伍建设　/131

第一节　高校财务人才培养的目标与策略　/131

第二节　高校财务队伍建设的机制与保障　/138

第八章　高校财务信息化建设　/147

第一节　高校财务信息化的基本概念　/147

第二节　高校财务信息系统的构建与应用　/153

第三节　高校财务信息化建设的挑战与前景　/165

第九章　高校财务改革与创新　/175

第一节　高校财务改革的动因与路径　/175

第二节　高校财务创新的理念与实践　/192

参考文献　/201

第一章 高校财务管理概述

第一节 高校财务管理的概念和定义

一、高校财务管理的概念解析

（一）高校财务管理的定义

1. 高校财务管理的概念界定

高校财务管理是指高等教育机构对财务活动进行计划、组织、指挥、协调、控制和评价的过程，旨在实现高校财务目标，确保财务资源的有效配置和管理。

在这一定义中，高校财务管理被理解为一种系统性活动，包括对于财务活动全过程的管理，以及为实现高校的财务目标而进行的各种规划和控制措施。

2. 高校财务管理的多维度解读

高校财务管理不仅是对财务活动的管理，更是高校治理体系的重要组成部分，涵盖了财务战略规划、财务风险管理、财务绩效评价等多个方面。具体来说，高校财务管理包括五个重要维度。

（1）财务规划与预算

高校财务管理首先需要进行财务规划与预算，明确财务目标、收支预期，为财务活动提供方向和依据。

（2）资金管理

资金是高校财务管理的核心内容，涉及资金的筹集、运用、监督和评价等方面，以确保资金的充分利用和合理配置。

（3）会计与财务报告

高校需要进行会计核算和财务报告，及时准确地反映高校财务状况和运营情况，为管理决策提供信息支持。

（4）投资与资产管理

高校需要对资产进行有效管理和配置，包括固定资产管理、投资决策等，以实现资产的增值和保值。

（5）财务风险管理

高校财务管理需要识别、评估和控制各种财务风险，包括市场风险、信用风险、流动性风险等，以保障高校财务安全和稳定运行。

综上所述，高校财务管理是一项复杂而多维的系统工程，涵盖了财务规划、资金管理、会计报告、投资管理、风险管理等多个方面，是保障高校财务健康运行和实现战略目标的重要活动。

通过对高校财务管理概念的解析，我们可以更清晰地理解高校财务管理的本质和重要性，为后续对高校财务管理实践的深入研究奠定基础。

（二）高校财务管理的内涵和范畴

高校财务管理作为现代高等教育管理中不可或缺的一部分，其内涵和范畴既包括传统财务管理的基本概念和原理，也融合高校特殊的管理需求和环境。本部分将围绕财务管理的基本含义、高校财务管理的特殊性与复杂性以及高校财务管理的主要范畴和职责展开讨论。

1. 财务管理的基本含义

财务管理是指组织或个人在实现经济目标过程中，通过对财务资源的合理配置、筹资、投资和分配等活动，达到最优财务状况的管理过程。其核心在于确保组织财务活动的合法性、规范性和效益性，以实现长期经济利益最大化。

2. 高校财务管理的特殊性与复杂性

高校财务管理相较于企业财务管理具有一定的特殊性和复杂性。

（1）非营利性质

高校作为非营利性机构，其财务管理不同于企业以营利为目标的财务活动，更注重长期发展和公共服务。

（2）多元化利益相关者

高校财务管理涉及教职员工、学生、政府、社会各界等多方利益相关者，其利益诉求复杂多样，管理难度较大。

（3）政策法规监管

高校财务管理受到政府政策法规的严格监管，包括财政拨款、税收政策、会计准则等，涉及管理面广，操作规范性要求高。

3.高校财务管理的范畴和主要职责

高校财务管理的范畴和主要职责包括五个方面。

（1）财务规划与预算管理

制定高校财务规划和预算，合理安排财政支出，确保财务活动的有序开展。

（2）资金管理与投资决策

对高校资金进行有效管理和投资，保障教学科研活动的顺利开展和学校财务的稳健增值。

（3）会计核算与财务报告

进行高校财务会计核算工作，编制财务报告，向内外部利益相关者提供财务信息透明度。

（4）内部控制与风险管理

建立健全高校财务内部控制体系，有效管理风险，防范财务风险和经济损失。

（5）财务监督与审计

对高校财务活动进行监督和审计，确保财务管理的合规性和效率性。

综上所述，高校财务管理既要满足传统财务管理的要求，又需要兼顾高校特殊性的管理需求，其范畴和职责相对复杂多样。在不断发展的现代高等教育环境下，高校财务管理在面临日益严峻的挑战和压力的同时，也迎来了更多的发展机遇和探索空间。

二、高校财务管理的要素和特点

（一）构成高校财务管理的基本要素

1. 财务目标与策略

（1）高校财务管理中的财务目标制定和策略规划过程

在高校财务管理中，制定明确的财务目标是实现财务稳健运作和促进学校可持续发展的关键。这一过程包含以下三方面内容。

定性与定量分析：首先，需要对高校当前财务状况进行全面分析，包括资产负债状况、收支状况、资金流动情况等，以此为基础明确财务目标的定性和定量指标。

制定目标与策略：结合高校的发展战略和教育理念，制定适合学校实际情况的财务目标，以及相应的实现策略。这些目标和策略既要符合学校长期发展规划，又要考虑短期内的应对措施，保证财务目标的有效实现。

目标层级与关联性：财务目标通常分为长期目标和短期目标。长期目标体现学校未来发展方向和目标，短期目标则是实现长期目标的具体行动目标。这两者之间存在紧密的关联性，长期目标的实现需要短期目标的有序推进，而短期目标又是长期目标的具体体现和支撑。

（2）高校财务管理中的长期目标与短期目标的关系

在高校财务管理中，长期目标和短期目标之间密切关联且相互支持，二者相辅相成、相互促进，共同推动学校财务管理工作的高效运作和可持续发展。

长期目标的指导作用：长期目标是高校未来发展的总体规划和战略目标，具有指导学校长远发展的重要作用。长期目标的设定需要考虑高校的使命与愿景、发展战略、对外环境的预判等因素，是高校财务管理的总体指导方针。

短期目标的具体实施：短期目标是长期目标的具体体现和实施路径，是实现长期目标的具体行动方案。通过制定明确的短期目标，可以指导高校短期内的财务管理工作，明确目标、落实责任、把握重点，从而逐步实现长期目标的全面发展。

动态调整与协调配合：长期目标和短期目标之间并非不变，而是需要根据外部环境的变化和高校内部发展的需要进行动态调整和协调配合。短期目标的达成情况会对长期目标的实现产生影响，因此，高校需要及时对目标进行评估和调整，保持长短期目标的一致性和协调性。

通过制定明确的财务目标和策略，高校能够更好地应对复杂多变的财务环境，实现财务资源的有效配置和高校发展的可持续性。这不仅有助于提升高校的竞争力和影响力，更能够为高校的长远发展提供坚实的财务支撑和保障。

2.资金管理与预算控制

（1）高校资金来源、使用和分配的管理机制

在现代高校运作中，资金管理是至关重要的一环。高校的资金来源多元化，主要包括政府拨款、学费收入、科研项目资助、捐赠等。这些资金来自不同的渠道，涉及不同的管理机制。

首先，政府拨款作为高校最主要的资金来源之一，通常根据高校的规模、类型、办学特色等因素进行拨款。政府拨款的管理涉及预算编制、资金使用审批、绩效评价等多个环节，要求高校建立完善的内部控制机制，确保拨款的合理使用和有效管理。

其次，学费收入是高校的另一重要资金来源。高校需要制定收费标准，并建立相关的收费管理制度，包括学费的收取、使用和分配等方面的规定。在保证教育质量的前提下，高校需要合理确定学费收入的使用方向，以支持学校的各项教学科研活动。

此外，科研项目资助和捐赠款项也是高校财务的重要组成部分。高校需要积极争取各类科研项目的资助，并严格按照项目合同约定的要求使用资金。同时，对于捐赠款项，高校需要建立专门的捐赠管理制度，确保捐赠资金的合法合规使用和透明管理。

（2）高校财务预算编制、执行和监控的流程与方法

财务预算是高校财务管理的重要组成部分，是对高校未来一定时期内财务活动的规划和安排。财务预算的编制、执行和监控是高校财务管理的关键环节，直接影响高校的财务稳健运营和发展。

预算编制：高校财务预算编制通常由各单位和部门根据自身业务特点和需求进行。预算编制过程包括预算目标设定、数据收集、预算编制、预算评审等多个环节。在编制过程中，高校需要充分考虑各项支出的合理性和必要性，确保预算

的科学性和可行性。

预算执行：预算执行是财务预算的落实和执行阶段。高校需要建立健全的预算执行制度和程序，明确责任部门和人员，加强预算执行的监督和检查。同时，高校还需要及时调整预算方案，以应对不可预测的情况和变化。

预算监控：预算监控是对财务预算执行情况的跟踪和评估。高校可以通过建立预算执行情况的监控指标和评价体系，及时掌握预算执行情况，并对偏差进行分析和调整。预算监控有助于高校及时发现和解决财务管理中的问题，确保预算目标的实现。

综上所述，资金管理和预算控制是构成高校财务管理的重要因素之一。高校需要建立健全的资金管理和预算控制机制，加强内部控制和外部监督，确保资金的合理使用和财务预算的科学制定与执行。

3. 资产与负债管理

（1）高校资产和负债的组成与管理原则

高校作为教育机构，其资产和负债的管理涉及多方面，包括但不限于教学设施、科研设备、人力资源、资金来源等。

①高校资产的组成与管理原则。高校资产通常包括固定资产、流动资产和无形资产等。固定资产主要指土地、房屋、设备等；流动资产包括现金、存款、应收款等；无形资产则涉及专利、知识产权等。高校资产管理的原则主要包括：

合理配置：根据高校的发展战略和教学科研需求，合理配置各类资产，确保资源的有效利用和最大化效益。

科学评估：对资产进行定期评估和检查，确保资产价值的准确反映，并及时调整和优化资产配置。

风险控制：加强资产管理的风险控制，防范资产损失和浪费，保障高校财产安全。

信息化管理：借助信息技术手段，建立资产管理信息系统，实现资产管理的自动化和智能化。

②高校负债组成与管理原则。高校负债通常包括借款、应付账款、应付工资等。负债管理的原则主要包括：

谨慎借贷：根据学校的财务状况和未来发展需求，谨慎选择借贷方式和额度，避免因过度借贷而造成财务压力。

合理分配：合理安排借款资金的用途和期限，确保借款资金的有效利用，并及时偿还到期债务。

优化负债结构：通过合理调整债务结构，降低财务风险，提高偿债能力，实现负债管理的有效控制。

负债风险管理：建立健全负债风险管理制度，加强对负债的监控和评估，及时发现和应对负债风险。

（2）资产配置与负债结构的优化策略

资产配置与负债结构的优化是高校财务管理的重要内容之一，直接影响高校财务稳健性和发展潜力。

①资产配置优化策略。

根据高校发展战略调整资产配置：根据高校的教学科研需求和发展规划，调整资产配置，优化资源配置结构，确保资产配置与高校发展战略的一致性。

加强资产投资管理：加强对资产投资项目的管理和监督，提高投资项目的效益和回报率，确保投资项目的稳健运行和持续增值。

科技创新和知识产权保护：加大对科技创新和知识产权的投入，提高高校的科技创新能力和竞争力，增加知识产权收益，为高校的可持续发展提供强有力的支撑。

②负债结构优化策略。

合理选择债务工具和融资方式：根据高校的财务需求和负债偿还能力，合理选择债务工具和融资方式，确保债务的安全性和可持续性。

优化债务结构：通过延长债务期限、降低债务成本等方式，优化债务结构，降低负债风险，提高负债的偿还能力。

谨慎管理负债：强化负债管理和风险控制，防范负债风险，确保负债的稳健性和安全性。

在实际操作中，高校应根据自身情况，综合考虑各项因素，制定科学合理的资产与负债管理策略，为高校的稳健发展提供有力财务支持。

4. 财务报告与信息披露

（1）高校财务报告的编制标准和披露要求

高校财务报告作为高校财务管理的重要组成部分，其编制标准和披露要求对于保障财务信息的准确性和透明度具有重要意义。

首先，高校财务报告的编制需遵循有关的财务会计准则，如《中国会计准则》《国际财务报告准则》等。这些准则确立了财务报告的基本框架和规范，包括资产负债表、利润表、现金流量表等，并要求财务报告必须客观、真实地反映高校的财务状况和经营成果。

其次，高校财务报告的披露要求通常涵盖了对各项财务数据的详细披露，包括财务指标、会计政策、资产负债状况、收支情况等。在披露内容方面，高校需要按照相关规定披露财务报告的主要信息，并公开透明地呈现给各利益相关者，如学生、教职员工、政府监管部门等。

（2）财务信息披露的透明度和准确性

财务信息披露的透明度和准确性是高校财务管理中不可忽视的重要问题。

首先，财务信息披露的透明度直接关系高校的信誉和声誉。透明度高的财务信息可以增强高校的信任度，提升其在社会各界的形象和地位。因此，高校需要确保财务信息的披露及时、完整、真实、准确，避免出现信息不对称和误导性披露的情况。

其次，财务信息披露的准确性是保障高校财务管理规范运作的基础。财务报告中的数据应当经过审计等专业程序的验证和审定，确保数据的准确性和可信度。高校财务管理部门需要建立健全内部控制机制，加强对财务数据的核查和监督，及时发现和纠正错误，确保财务信息的准确性和可靠性。

综上所述，高校财务报告的编制标准和披露要求以及财务信息披露的透明度和准确性问题对于保障高校财务管理的规范和有效运作具有重要意义。高校需要积极应对这些问题，加强财务管理制度建设，提高财务信息披露的质量和水平，为高校的可持续发展提供坚实的财务保障。

（二）高校财务管理的特点和特色

高校作为重要的社会教育机构，其财务管理具有一系列特点和特色，主要体现在其公共性与非营利性特征。本部分将深入探讨高校财务管理中公共性与非营利性的影响以及相应的管理原则和特点。

1. 公共性与非营利性特征

（1）高校作为公共机构的特殊属性对财务管理的影响

高校作为公共机构，其财务管理受到以下特殊属性的影响：

公共服务属性：高校的主要使命是为社会提供教育和研究服务，因此，其财务管理首要考虑公共服务的性质，而非营利目标。

政府监管：作为公共机构，高校的财务管理受到政府相关部门的监管和指导，财务决策必须符合国家政策法规。

财政拨款依赖：大部分高校依赖政府拨款维持运营，因此，财务管理须考虑政府财政状况和拨款政策的影响。

社会责任：高校作为公共机构，承担培养人才、促进社会发展等社会责任，其财务管理须考虑社会效益和长远发展。

（2）高校财务管理中的非营利性原则和经营特点

高校财务管理的非营利性原则和经营特点表现在以下方面：

财务目标：高校的财务目标不是追求利润最大化，而是保障教学科研需要、维护学校稳健发展。

收支结构：高校收入主要来源于政府拨款、学费等非营利性渠道，大部分支出用于教学科研和人员工资福利。

利润分配：高校不以营利为目的，因此不进行利润分配，而是将盈余用于高校建设和发展。

资产运营：高校的资产运营注重长期稳健和风险控制，不追求高风险高回报的投资。

综上所述，高校作为公共性质的非营利机构，其财务管理具有明显的特点和特色。了解和理解这些特点对于高校财务管理的科学实践具有重要意义，有助于更好地满足高校教育和研究需求，推动高校可持续发展。

2. 多元利益相关者与治理机制

（1）高校财务管理中涉及的多元利益相关者

在高校财务管理中，存在众多利益相关者，他们各自拥有不同的利益诉求和关注点。这些利益相关者的合理参与和有效治理对于高校财务管理的稳健运行至关重要。

学校管理层：学校领导、财务部门主管等管理者是制定和执行财务决策的主体，其主要关注点包括财务目标的实现、资源配置和风险管理等。

教职员工：教职员工关注工资福利待遇、学术研究经费等，他们的满意度和工作积极性直接影响学校的教学和科研质量。

学生：学生作为高校的主要服务对象，不仅关注学费、奖学金、助学贷款等经济问题，同时也关注教学质量、校园环境等非经济因素。

校友和捐赠者：校友和捐赠者对于学校的发展捐赠和资助起重要作用，他们希望看到资金的有效利用和学校声誉的提升。

政府及监管机构：政府及监管机构关注学校的财务合规性、经费使用情况等，对高校的财务管理提出监督和要求。

社会公众：社会公众关注高校的社会责任履行、公共资金使用情况等，对于高校的声誉和社会形象产生重要影响。

（2）高校财务管理中的治理机制和决策层次

为了有效管理多元利益相关者的利益冲突和协调各方利益，高校财务管理通常采取多种治理机制和决策层次。

决策层次结构：高校财务决策层次结构一般包括战略层、战术层和操作层。战略层负责制定长期发展规划和财务目标，战术层负责具体项目的决策和资源分配，操作层负责执行具体的财务管理任务。

决策机构设置：高校通常设立了财务委员会、财务部门等决策机构，负责财务政策的制定和执行。这些机构由高校领导和专业财务人员组成，保证了决策的专业性和权威性。

利益协调机制：高校财务管理还设立了各方利益协调机制，如教职工代表大会、学生会、校友会等，通过这些机制来听取各方意见、解决利益分歧，促进利益相关者之间的沟通和合作。

财务监督体系：高校财务管理中建立了严格的财务监督体系，包括内部审计、财务审查、外部审计等机制，确保了财务决策的合规性和透明度。

利益平衡与权衡：在实际决策中，高校需要平衡各方利益，权衡不同利益的重要性和优先级，从整体利益出发做出最佳决策。

以上治理机制和决策层次的建立与运行，有助于高校财务管理中各利益相关者的有效参与和协调，确保高校财务管理的稳健运行和持续发展。

3. 教育属性与经济效益的平衡

（1）高校财务管理中教育属性和经济效益的平衡关系

在高校财务管理中，教育属性和经济效益的平衡关系是一个关键议题。高校作为教育机构，其首要任务是教育教学，人才培养，促进社会进步和发展。然而，随着社会经济的发展和教育市场竞争的加剧，高校在经济效益方面承担了越来越大的压力和责任。在现实情况下，高校需要在保障教育质量的前提下，积极探索实现经济效益的路径，以确保其可持续发展。

首先，教育属性与经济效益之间存在内在的矛盾与冲突。教育是一项长期性、非直接回报性投资，教育的效益往往需要经过较长时间的积累和沉淀才能体现出来，这与当下经济效益要求快速见效的现实需求存在不一致性。高校在追求经济效益的同时，必须保持教育属性的本质，不可偏离教育的初衷和价值导向。

其次，高校的经济效益受到多种因素的影响，包括政府政策支持、市场竞争、科研水平等。高校在财务管理中需要考虑如何在这些因素的影响下，实现经济效益与教育属性的平衡。例如，高校可以通过提高教学水平、加强科研创新，提升自身竞争力，从而实现经济效益的增长；也可以通过积极开展产学研合作、拓展校外经济收入等方式，实现经济效益的多元化。

（2）高校财务管理中如何实现经济与教育的双赢

在高校财务管理中，实现经济与教育的双赢是一项重要而复杂的任务。以下是一些策略和实践措施：

优化资源配置，提高教学质量：高校可以通过合理配置资源，加大对教育教学的投入，提高教学质量和学术水平。高质量的教育资源和优秀的师资队伍将吸引更多学生和资金，进而带来经济效益的增长。

拓展科研与产业合作：高校可以加强与企业、政府等外部机构的合作，开展科研项目、技术转让等活动，实现科研成果的转化和经济效益的获取。同时，产学研合作也为学生提供了更多的实践机会和就业渠道，提高了教育质量。

建立多元化的经济收入来源：高校可以通过拓展校外经济收入，如校企合作、技术服务等方式，增加经济收入，减轻财务压力。与此同时，高校也要确保教育属性不受损害，保障教育教学的质量和水平。

加强财务风险管理：高校在追求经济效益的同时，也要注意风险的控制与管理。建立健全财务风险评估体系，加强内部控制，规避和化解潜在的财务风险，确保高校财务稳健运行。

综上所述，实现经济与教育的双赢需要高校在财务管理中不断探索和创新。通过科学合理地配置资源、拓展合作渠道、加强风险管理等措施，高校可以实现经济效益与教育属性的平衡，以及可持续发展。

第二节　高校财务管理的重要性和作用

一、高校财务管理的重要性

（一）财务管理在高校管理中的地位和作用

1.高校财务管理在高校管理中的核心地位

（1）财务管理在高校管理中的重要地位和功能

高校财务管理作为整个高校管理体系的核心组成部分，承担着财务资源的配置、监控和评估等关键职责。其主要功能包括：

资金调配与预算编制：财务管理通过预算编制和资金调配，确保高校各项经费的合理使用，保障教育教学、科研等各项活动的正常开展。

费用控制与成本管理：财务管理通过费用控制和成本管理，优化资源配置，提高资源利用效率，降低高校运营成本，实现财务目标。

财务报告与信息披露：财务管理负责编制财务报告，及时准确地向各利益相关者披露高校财务状况和经营成果，增强高校的透明度和信誉度。

风险管理与内控建设：财务管理通过风险管理和内控建设，识别、评估和控制高校面临的各类风险，保障高校财务安全和稳健运行。

绩效评价与绩效管理：财务管理通过绩效评价和绩效管理，对高校各项活动和项目进行监测与评估，推动高校整体绩效的提升。

（2）财务管理与其他管理职能的关系和互动方式

高校财务管理与其他管理职能之间存在密切的关系和互动，共同推动高校各项事业的发展和目标的实现。具体体现在：

与人力资源管理的协同：财务管理需要与人力资源管理密切配合，确保高校人力资源的合理配置和激励措施的落实，实现财务目标与人才培养目标的一致性。

与战略规划的衔接：财务管理需要与战略规划紧密衔接，为高校长远发展提供财务支持和战略指导，确保财务决策与高校战略目标的一致性。

与运营管理的整合：财务管理需要与运营管理相互整合，优化高校资源配置和运营流程，提高高校运营效率和管理水平，实现经济效益和社会效益的双赢。

2.财务管理对高校内部运作的支撑作用

（1）财务管理在支持高校教学、科研、管理等方面的作用

财务管理直接影响高校教学、科研和管理等方面的运作。在教学方面，财务管理要确保教学设施和设备的正常运转，支持师资队伍建设，为教学活动提供必要的资源保障；在科研方面，财务管理为科研项目的经费拨付、实验室设备的更新维护等提供支持，保障科研活动的顺利进行；在管理方面，财务管理通过预算编制、资金管理、成本控制等手段，优化资源配置，提高管理效率，确保高校各项管理活动的顺利开展。

（2）财务管理对于高校各项活动起资源配置和保障作用

财务管理在高校内部起资源配置和保障的重要作用。通过预算管理、资金调度、投资决策等手段，财务管理确保高校各项活动所需的资金和物质资源得到充分保障。同时，财务管理还通过优化资源配置，提高资源利用效率，最大限度地满足高校内部各项活动的需求，促进高校内部各项事业的健康发展。

综上所述，财务管理在高校管理中的地位和作用不可替代，它不仅支撑高校的日常运作，还为高校的发展提供坚实的经济基础。因此，加强高校财务管理，提升其水平和效能，对于高校的可持续发展具有重要意义。

（二）高校财务管理对高校发展的重要性

高校作为教育和科研机构，其可持续发展离不开有效的财务管理支持。财务管理不仅是为了保障高校正常运转，更是为了实现长远的发展目标和战略规划。

在高校的可持续发展中，财务管理扮演着重要角色，不仅关乎高校的经济效益，更关系高校的声誉、学术水平和社会地位。此处将重点探讨财务管理与高校可持续发展的关系，包括财务管理对高校长远发展目标的支持和保障，以及财务管理在高校可持续发展战略中的重要地位和作用。

1. 财务管理与高校可持续发展的关系

（1）财务管理对高校长远发展目标的支持和保障

财务管理在高校扮演支持和保障长远发展目标的重要角色。

首先，财务管理通过有效的资金规划和预算，确保高校在日常运营中有足够的资金支持，保障教学、科研等各项工作的正常开展。此外，财务管理还可以通过科学的资金配置和投资决策，为高校未来的发展提供充足的资金保障。例如，高校通过在科研项目、人才培养、基础设施建设等方面投入资金，实现长远发展目标。

其次，财务管理在高校的合理运用和监督下，可以有效控制各项支出，避免浪费和不必要的开支，提高资源利用效率。这不仅有助于降低高校的运营成本，还能够释放出更多资源用于高校的发展。通过财务管理的有效控制，高校可以实现资源的优化配置，提高经济效益，达成长远发展目标。

（2）财务管理在高校可持续发展战略中的重要地位和作用

财务管理在高校可持续发展战略中占据重要地位，并且发挥多方面的作用。

首先，财务管理通过制定和执行科学的财务政策和规划，为高校的发展提供战略指导和保障。例如，通过制定长期的财务规划和预算，高校可以更好地把握发展方向，合理规划资金使用，确保资金的有效利用。

其次，财务管理在高校的战略规划和决策中发挥重要支持作用。通过财务管理的数据分析和财务报告，高校管理者可以及时了解高校的财务状况和经营情况，为管理决策提供科学依据。例如，通过财务数据分析，高校可以发现存在的财务风险和问题，及时采取措施进行调整和改进，保障高校的健康发展。

综上所述，财务管理对高校的可持续发展具有重要的支持和保障作用。通过有效的资金管理和运营控制，财务管理可以为高校提供充足的资金保障和经济支持，为高校的长远发展提供坚实基础。同时，财务管理在高校的战略规划和决策中发挥重要的支持作用，为高校的管理决策提供科学依据和战略指导。因此，加强财务管理，提高财务管理水平，对于推动高校的可持续发展具有重要意义。

2. 财务管理与高校竞争力的提升

（1）财务管理对高校提升竞争力和影响力的贡献

在当今高等教育竞争日益激烈的环境下，财务管理扮演关键角色，对高校提升竞争力和影响力做出了不可忽视的贡献。

首先，财务管理通过有效的资源配置和资金调配，为高校提供稳定的财务基础。通过科学合理的财务规划和预算编制，高校能够有效管理收入和支出，确保资金合理分配，优先支持教学科研和学科建设等核心任务，从而提升高校的教学水平和科研实力。稳健的财务基础不仅增强了高校的内在活力，也为其在教育市场中赢得了更多的竞争优势。

其次，财务管理对于高校的战略规划和发展方向的制定起重要作用。通过对财务数据的分析和评估，高校可以更清晰地了解自身的财务状况和发展潜力，有针对性地制定长期发展战略和目标。财务管理的有效实施有助于高校更好地把握机遇，应对挑战，提高对外竞争的能力。

（2）财务管理在高校品牌建设和声誉提升中的作用和意义

财务管理不仅是对资金的管理，更是高校品牌建设和声誉提升的重要保障和支撑。

首先，财务管理的透明度和规范性直接关系高校的声誉和形象。公开透明的财务管理能够增强高校的信誉和公信力，提升社会对高校的信任度。同时，规范的财务管理制度和流程也为高校赢得良好的评价和口碑，有利于树立高校的品牌形象。

其次，财务管理与高校的社会责任和可持续发展密切相关。高校通过有效的财务管理保障学校的稳健运行和发展，从而更好地履行对学生、教职员工和社会的责任。在资源有限、需求日益增长的背景下，财务管理的合理规划和有效利用有助于高校实现经济、社会和环境的可持续发展，提升高校的社会责任感和公众形象。

综上所述，财务管理作为高校发展的重要组成部分，对于提升高校的竞争力和影响力、塑造高校的品牌形象和提升声誉具有重要意义，产生深远影响。只有加强财务管理，提高财务管理水平，高校才能在激烈的竞争中立于不败之地，为教育事业的长远发展打下坚实基础。

二、高校财务管理的作用和功能

（一）高校财务管理在资源配置、决策支持等方面的作用

1. 资源配置的重要性

（1）高校财务管理在资源配置中的重要作用

高校作为教育机构，面临着各种资源的配置问题，包括人力资源、物质资源、财政资源等。在这些资源中，财务资源起至关重要的作用，因为它是高校运行的基础支撑。高校财务管理在资源配置中扮演关键角色，具体体现在两个方面。

首先，财务管理通过合理的资金配置，确保高校的正常运转。资金是高校运作的命脉，涉及薪资发放、设备更新、教学研究经费等方方面面。财务管理通过有效的预算和资金调配，保障了高校的正常教学科研秩序，为教职员工提供了良好的工作环境和条件。

其次，财务管理在资源配置中发挥风险管理的作用。高校财务管理需要面对各种风险，包括市场风险、信用风险、政策风险等。通过风险评估和控制，财务管理可以降低高校在资源配置过程中的风险，保障资金的安全性和稳定性，确保高校的长期发展。

（2）资源配置对于高校可持续发展的影响

资源配置不仅关乎高校的日常运营，更直接影响高校的可持续发展。合理的资源配置能够有效提升高校的核心竞争力，推动其长期发展。具体体现在三个方面。

首先，资源配置影响高校的教育教学质量。合理配置的资金可以用于提升教学设施、引进优秀教师、开展科研项目等，从而提高教育教学质量，增强学校的吸引力和竞争力。

其次，资源配置影响高校的科研创新能力。科研是高校的重要职能之一，而科研活动需要大量的资金支持。通过合理的资源配置，高校可以提供良好的科研条件和资金支持，促进科研成果的产出和转化，推动科技创新，提升高校的学术影响力和社会影响力。

最后，资源配置影响高校的社会责任履行。作为公共机构，高校肩负着培养人才、传承文化、服务社会等重要使命。通过合理配置资源，高校可以更好地履

行社会责任，为社会提供优质的教育服务，推动社会进步和发展。

综上所述，高校财务管理在资源配置中的作用不可忽视，它直接影响高校的运行和发展。合理的资源配置是高校可持续发展的重要保障，需要高校各级管理者充分认识到其重要性，采取有效措施加以落实。

2.资源配置的原则和方法

（1）高校财务管理中的资源配置原则

在高校财务管理中，资源配置的基本原则是确保资源的合理利用和最大化价值实现。

效率原则：确保资源配置的高效利用，以实现资源的最佳组合和利润最大化。

公平原则：保证资源分配的公平性和公正性，满足不同部门和利益相关者的需求与权益。

透明原则：确保资源配置过程的透明度和公开性，使各方能够了解资源使用情况和决策依据。

风险管理原则：考虑风险因素，采取措施降低风险，保障资源配置过程的稳定和可持续性。

（2）常见的资源配置方法和技术

在高校财务管理中，有多种资源配置方法可供选择，以满足高校的需求和目标。以下是一些常见的方法：

预算编制与控制：通过编制预算，明确资源使用的计划和限额，并通过控制措施监督执行情况，确保资源的有效利用。

投资管理：通过投资决策，将资金投入不同的项目或资产中，以获取最大化的收益或实现特定的目标。

资金管理：优化资金运作，确保资金的流动性和安全性，同时尽量降低成本和风险。

人力资源管理：合理配置人力资源，确保各项工作的顺利开展，提升教学科研水平和学校整体竞争力。

信息化建设：借助信息技术，提高资源配置的效率和准确性，促进决策的科学化和精细化。

在实际操作中，高校财务管理者需要综合考虑不同方法的优劣势，结合学校的具体情况和发展目标，灵活运用，以实现资源配置的最佳效果。

通过有效的资源配置，高校能够实现资源的最优利用，提升教学科研水平和管理效率，从而推动高校整体发展和可持续性增长。

3. 决策支持的重要性

（1）高校财务管理在决策支持中的价值和意义

高校财务管理在决策支持方面扮演至关重要的角色，其价值和意义体现在四个方面。

资源优化配置：高校财务管理通过对资源的合理调配和利用，为决策提供支持。通过精准的财务数据分析，有助于高校领导层了解资源的实际利用情况，从而为资源的优化配置提供参考，使高校在有限的资源下实现最大化效益。

风险管理与控制：高校财务管理在决策支持中的另一个重要作用是提供风险管理与控制。财务数据的收集、分析和解释有助于高校管理者及时发现潜在的风险因素，并采取相应的措施加以控制，从而降低高校财务活动的风险程度，保障高校财务安全稳健发展。

效率与绩效评估：高校财务管理可以用于评估高校的运营效率和绩效。通过对财务数据的分析，可以评估高校的各项经济指标，包括成本控制、收入增长、资产利用效率等，为高校管理者提供了解高校运营状况的重要参考依据，以便及时调整管理策略和措施。

战略规划与发展方向：高校财务管理可以为高校的战略规划和发展方向提供支持。通过对财务数据的分析，有助于高校管理者了解高校的财务状况和经济环境，为高校未来的发展方向和目标制定提供依据与支持。

（2）财务数据对于决策制定的重要作用

在高校财务管理中，财务数据扮演至关重要的角色，对于决策制定具有重要作用：

提供信息支持：财务数据是决策制定的重要信息来源，包括资金流动、成本支出、收入来源等。通过对这些数据的收集、整理和分析，高校管理者可以了解高校财务状况的全貌，为决策制定提供了重要的信息支持。

评估决策影响：财务数据还可以用于评估决策方案的实施效果和影响。通过对决策方案的财务数据进行模拟和分析，可以预测其可能产生的效果，从而帮助管理者更好地评估决策方案的可行性和风险，为决策的最终实施提供依据。

支持战略规划：财务数据是战略规划的重要依据之一。通过对财务数据的分析，可以了解高校的财务状况和资金流动情况，为未来的战略规划和发展方向提供重要的参考依据，有助于高校管理者制订更加科学合理的战略规划方案。

辅助决策实施：财务数据还可以用于辅助决策的实施。通过对决策方案实施过程中产生的财务数据进行监控和分析，可以及时发现问题和异常情况，并采取相应的措施加以应对，从而保障决策的顺利实施和目标的实现。

因此，财务数据在高校财务管理中对于决策制定具有不可替代的重要作用，是决策制定过程中的重要参考。

4. 决策支持的实践应用

（1）高校财务管理在决策支持方面的具体应用

在现代高校管理中，财务决策支持系统扮演至关重要的角色。以下是一些高校财务管理在决策支持方面的应用场景：

预算编制与执行：预算是高校财务管理的核心工具之一，决策支持系统能够辅助高校管理层制定、执行预算。通过系统化的数据分析和模拟，管理层能够更准确地预测收入和支出情况，优化资源分配，提高预算执行的效率和准确性。

投资决策：高校需要进行各种类型的投资，如基础设施建设、科研项目投入等。决策支持系统通过对不同投资方案的风险评估和财务模型构建，为管理层提供科学的决策依据。这种系统化的方法能够降低投资风险，提高资金利用效率。

人力资源管理：决策支持系统在人力资源管理方面发挥重要作用。通过分析教职员工的薪酬结构、福利待遇等财务数据，系统可以为高校提供合理的薪酬决策建议，优化人力资源配置，提高员工满意度和工作效率。

学费定价与财政补贴：对于学费定价和财政补贴政策，决策支持系统能够利用学校历史数据和市场信息进行模拟与分析，有助于管理层制定合理的学费标准和财政补贴政策，实现收支平衡和资金稳定。

（2）财务数据分析、财务模型构建等技术的应用效果

财务数据分析：通过财务数据分析技术，高校可以深入挖掘财务数据的内在

规律和关联性，发现潜在的问题和机遇。例如，利用数据挖掘技术，高校可以分析学费收入的季节性变化规律，以便更好地制订财政计划和预算。

财务模型构建：财务模型是决策支持系统的核心工具之一。通过构建合理的财务模型，高校可以对不同的财务决策方案进行模拟和预测，评估其风险和效益。例如，建立投资回报率模型有助于高校评估不同投资项目的收益情况，选择最优方案。

技术应用效果：财务数据分析和模型构建技术的应用效果已经在许多高校得到验证。通过这些技术的应用，高校管理层可以更加科学地制定决策，降低决策的风险，提高管理效率和质量。例如，一些高校利用数据分析技术优化收费策略，学生满意度效果明显提升。

（二）高校财务管理在保障学校财务健康、提升效率等方面的功能

1. 学校财务健康的保障

（1）高校财务管理在保障学校财务健康方面的重要性

在现代高等教育体系中，财务管理是确保学校健康运转的重要保障之一。高校财务管理的良好运作不仅关乎高校经济的稳健发展，也直接关系高校的教学科研质量、师资队伍建设、校园基础设施建设等方面的提升。以下是高校财务管理在保障学校财务健康方面的重要性：

资金安全保障：高校作为教育机构，经常面临资金来源多元、用途广泛的情况。财务管理需要确保学校的资金安全，避免资金浪费、滥用等问题，保障学校的长期发展。

财务透明度提升：公开透明的财务管理是保障高校财务健康的重要基础。通过建立健全的财务管理制度和透明度机制，高校能够有效防止财务违规行为，提高财务管理的规范性和透明度，增强社会各界对高校财务管理的信任度。

风险防范与应对：财务管理需要及时识别、评估和应对可能存在的各类财务风险，包括资金流失、投资亏损、财务造假等。通过建立健全完善的风险管理体系，高校能够有效降低风险发生的可能性，保障高校财务健康稳定。

资源合理配置：财务管理需要根据高校的发展战略和目标，合理配置资金资源，优化资源结构，确保资源的有效利用和最大化利益，从而保障高校财务健康和持续发展。

（2）财务风险防范和财务健康指标监测的方法

为了保障高校财务健康，高校财务管理需要采取一系列措施和方法，其中包括财务风险防范和财务健康指标监测。

财务风险防范的方法包括但不限于：

风险识别与评估：建立风险识别机制，定期对可能存在的财务风险进行评估和分析，及时发现和应对各类潜在风险。

内部控制体系建设：建立健全的内部控制体系，包括财务内部控制、审计制度、信息披露制度等，规范学校财务管理行为，防范内部风险。

多元化投资与资产配置：根据学校的发展需求和资金状况，合理进行资产配置和投资，分散投资风险，提高资金运用效率和收益。

财务健康指标监测的方法包括但不限于：

财务报表分析：定期对高校的财务报表进行分析和比较，评估高校财务状况，发现潜在问题，及时调整财务管理策略。

财务健康指标监测体系建设：建立财务健康指标体系，包括资金流动性指标、偿债能力指标、盈利能力指标等，通过监测这些指标的变化，及时发现和预防财务风险。

外部审计和评估：委托外部机构进行财务审计和评估，对高校财务状况进行独立性评价，提高财务管理的透明度和可信度。

通过以上方法和措施，高校财务管理能够有效地保障高校财务健康，确保高校的长期发展和稳定运行。

2.效率提升的功能

（1）高校财务管理在提升管理效率方面的功能和作用

在现代高校管理中，提升管理效率是财务管理的重要目标之一。高校财务管理在提高管理效率方面具有以下作用：

资源优化配置：通过对高校资源的精细化管理和合理配置，实现资源的最大化利用；使用财务数据分析和预测技术，确保教学、科研和管理等各方面均衡发展。

决策支持：提供决策者所需的财务信息和报告，为高校管理层的决策提供科学依据；建立预算管理和绩效评估体系，帮助管理者更好地进行资源分配和决策制定，提高管理效率和决策的科学性。

流程优化：优化财务管理流程，简化审批程序，提高工作效率；引入信息技术和数字化系统，实现财务流程的自动化和智能化，减少人力成本和降低错误率。

（2）财务流程优化、信息化建设等措施的影响

财务流程优化和信息化建设是提升高校财务管理效率的重要手段，它们的实施将产生以下影响：

提高工作效率：优化财务管理流程，简化操作步骤和审批流程，减少重复劳动，提高工作效率；信息化建设使财务数据的录入、处理、分析和报告生成更加快速和精准。

降低管理成本：自动化财务处理流程，减少人力资源浪费，降低管理成本；减少纸质文档的使用，节省办公耗材和存储空间。

加强数据安全：信息化系统提供了数据加密、权限管理等功能，加强了财务数据的安全性和保密性；可追溯的财务数据处理过程有助于发现和预防数据泄露和滥用风险。

提升决策效果：信息化系统提供实时的财务数据和报表，为管理者提供更加准确和及时的决策支持；数据分析工具的运用帮助管理者深入了解财务状况，制定更加科学和有效的管理策略。

综上所述，通过财务流程优化和信息化建设，高校财务管理能够有效提升管理效率，实现资源的最优配置，为高校的健康发展提供坚实的财务保障。

第二章 高校财务目标与决策

第一节 高校财务目标的设定与实现路径

一、高校财务目标设定的理论基础

（一）高校财务目标设定的概念

1. 高校财务目标的含义和范围

财务目标是指在高校整体战略目标的基础上，针对财务管理方面所设立的具体目标。这些目标旨在确保高校的财务健康和可持续发展，同时兼顾教育教学、科研科技、社会服务等方面的需求。高校财务目标的范围涵盖了资金运作、财务收支、投资管理、财务风险控制等多个方面。

2. 高校财务目标的主要特征和属性

多元化与综合性：高校财务目标涵盖了学校经济运作的各个方面，如财务收入、支出、资产管理、负债控制等，是一个综合性体系。

长期性与稳定性：由于高校是长期存在的组织机构，其财务目标具有长期性和稳定性，需要考虑长远发展和持续运营。

公益性与经济效益并重：高校财务目标不仅要追求经济效益，还要兼顾公益性，即在保证学校正常运转的同时，充分发挥其服务社会、培养人才等社会责任。

灵活性与可操作性：高校财务目标应该具有一定的灵活性，能够根据外部环境变化和内部需求进行调整，同时具备可操作性，能够通过具体措施和方法实现。

这些特点决定了高校财务目标的设定和实现是一个复杂而严谨的过程，需要综合考虑学校的发展战略、财务状况、外部环境等因素，并采取科学有效的管理手段和方法。

（二）高校财务目标制定的影响因素和原则

高校财务目标的制定受多方面因素的影响，既包括内部因素，如学校定位和发展阶段，也包括外部因素，如政策环境和市场竞争。理解这些因素对财务目标制定的影响，有助于高校更准确地制定符合实际情况和发展需求的财务目标。本部分将分别探讨内部因素和外部因素对高校财务目标制定的影响。

1. 内部因素对财务目标设定的影响

（1）高校定位对财务目标设定的影响

高校的定位是指学校所选择的在教育领域的定位，包括学校类型、办学层次、专业设置等方面。不同类型和层次的高校，在财务目标的制定上会有不同的侧重点和要求。例如，综合性高校更注重在多个领域内的发展平衡，而专业性高校更注重在特定领域的深耕与突出。

（2）发展阶段对财务目标设定的影响

高校的发展阶段是指高校处于的发展阶段，如起步阶段、快速发展阶段、稳定发展阶段等。不同发展阶段的高校在财务目标的设定上会有不同的侧重点和策略。例如，处于起步阶段的高校更注重资金的积累和投入，而处于稳定发展阶段的高校更注重资产的保值增值和风险控制。

2. 外部因素对财务目标设定的影响

高校通过对历史数据和趋势的分析，可以为制定预算方案提供重要的参考。

（1）政策环境对财务目标设定的影响

政策环境是指政府出台的相关政策和法规对高校财务活动的影响。政策的变化会直接影响高校的财务目标设定和实现路径。例如，政府对高等教育投入的政策调整会影响高校的资金来源和使用方式，从而影响财务目标的设定和实现。

（2）市场竞争对财务目标设定的影响

市场竞争是指高校在教育市场中所面临的竞争形势和竞争对手。随着教育市场的不断开放和竞争的加剧，高校需要根据市场需求和竞争态势来调整财务目标和策略，以适应市场变化并保持竞争优势。例如，随着社会对于职业教育需求的增加，高校需要调整财务目标，增加对应专业的投入和发展。

综上所述，了解这些因素对财务目标制定的影响，有助于高校更科学地确定财务目标，实现可持续发展。

3.高校财务目标制定的原则与方法

在高校财务管理中，财务目标的制定是整个管理过程的基础和核心。财务目标的设定直接关系高校资源的分配、运营效率和财务风险的控制，因此，需要考虑多方面的因素和遵循一定的原则。

（1）财务目标制定应遵循的基本原则

可量化性：财务目标是可以量化的，以便进行具体分析和评估。例如，设定具体的资金收入目标、支出控制目标等。

可达性：财务目标应当是现实可行的，并且能够在一定时间内实现。过高或过低的目标都会影响高校的财务稳定性和可持续发展。

一致性：财务目标应当与高校的整体战略目标和使命相一致，确保财务活动与高校的发展方向相契合。

灵活性：财务目标应当具有一定的灵活性，能够根据外部环境和内部变化进行调整，以适应不断变化的市场需求和政策环境。

长期性：财务目标的设定不应局限于短期利益，还应考虑高校的长远发展需要，确保财务目标的持续性和可持续性。

（2）财务目标的制定步骤

明确高校发展战略：财务目标的制定需要建立在高校的整体发展战略基础之上，确保财务目标与高校战略目标相一致。

分析外部环境：考虑外部环境的影响因素，如政策法规、市场竞争等，为财务目标的设定提供参考依据。

评估内部条件：分析高校内部资源、人力、技术等条件，评估高校的财务实力和管理水平，为制定合理的财务目标提供基础。

确定具体指标：根据战略方向和环境分析，确定具体的财务指标，如资金收支状况、资产负债结构、利润增长率等。

制定时间表：为实现财务目标制定具体的时间表和计划，明确各项任务的时间节点和责任人，确保目标的实现。

监控与调整：设定财务目标后，需要建立有效的监控机制，定期对目标的实现情况进行评估和分析,并根据情况及时调整目标与策略。

财务目标的制定不仅需要科学的方法和步骤,更需要根据具体情况灵活运用,并不断优化和完善,以推动高校财务管理水平的提高和发展。

二、高校财务目标的分类与层次

(一)高校财务目标的常见类型和层次

在高校财务管理中,设定明确的目标是确保财务活动顺利开展并实现长期发展的关键。以下是高校财务管理中常见的目标类型和层次。

1. 经济效益类目标

经济效益是高校财务管理的核心之一,包括收入增长、成本控制等方面的目标。其中,收入增长是高校财务管理的首要目标之一,它直接影响高校的经济实力和发展潜力。成本控制则确保高校运营的可持续性和竞争力,有效控制成本可以释放出更多资源用于教育教学、科研等方面。

2. 资金运作类目标

资金运作类目标涉及高校资金的管理和运用,包括资金调配、投资管理、债务管理等方面。资金调配是确保高校各项支出得到合理安排和利用,避免出现资金断流、浪费等问题。投资管理是指高校在资产配置、投资策略等方面的目标,旨在实现资产的增值和保值。债务管理是针对高校的债务情况进行规划和管理,确保债务负担得到合理控制。

3. 财务风险控制类目标

财务风险控制类目标是为了应对高校在财务运作中面临的各种风险,包括市场风险、信用风险、流动性风险等。高校财务管理需要设定相应的风险控制目标,通过建立风险管理体系加强内部控制等手段,有效降低财务风险,保障高校财务安全和稳健发展。

4. 财务透明度与问责类目标

财务透明度与问责类目标是指高校在财务管理中需要保持透明度、规范化,并建立有效的问责机制,确保财务活动合法合规。建立有效的问责机制可以推动高校各级管理者履行财务管理责任,加强对财务活动的监督和管理,提高财务管理效率和质量。

在高校财务管理中,这些不同类型和层次的目标相互关联、相互作用,共同构成了高校财务管理的完整体系。通过设定明确的财务目标,并采取相应的策略和措施,有助于高校更好地实现财务管理的科学化、规范化和可持续发展。

(二)各类目标的特点和关联性

1. 各类目标的特点分析

(1) 不同类别目标的特点和优劣势

第一,经济效益类目标。

特点分析:

着重于提高高校财务收入和效益水平。通常包括提高学费收入、增加科研项目资金、优化资产配置等方面。

优势:

直接关联高校财务健康和发展。可以通过增加收入、降低成本等手段,提高财务状况。

劣势:

过度追求经济效益会忽视教育质量和社会责任。

第二,资金运作类目标。

特点分析:

关注高校资金的运作和管理效率。主要涉及资金的流动性、使用率等方面的目标。

优势:

可以优化资金使用,提高资金使用率;有利于确保高校资金的充分利用和流动性。

劣势:

过度追求资金运作效率会增加风险,导致财务不稳定。

第三,财务风险控制类目标。

特点分析:

侧重于防范和化解各种财务风险。包括市场风险、信用风险、流动性风险等。

优势:

有助于保障高校财务安全和稳定;可以降低不确定性,提高财务管理的可持续性。

劣势：

过度保守会导致高校财务发展受限。

第四，财务透明度与问责类目标。

特点分析：

注重财务信息的公开透明和问责机制的建立。包括财务报告的及时公布、财务管理责任的明确等。

优势：

有助于提升高校财务管理的透明度和公信力；可以增强内外部对高校财务管理的信任和监督。

劣势：

要求高校建立完善的信息披露和问责机制，成本较高。

（2）各类目标的制定原则和适用范围

①制定原则。

风险与收益平衡：各类目标的制定需要考虑风险与收益之间的平衡，避免单纯追求收益而忽视风险控制。

合理性与可操作性：目标的制定应当具有合理性，同时具备可操作性，便于实施和达成。

透明度与问责：目标制定过程应当透明公开，相关责任人明确，以便进行有效的问责。

②适用范围。

不同阶段的适用性：各类目标的适用范围会随着高校发展阶段的不同而有所差异，需要根据具体情况进行调整和选择。

整体规划与分项指标：需要将各类目标融入高校整体规划中，同时注意各项指标之间的协调和关联。

2.在实践中各类目标关系的协调

在实践中，高校需要综合考虑各类目标之间的关联性和互动影响，通过合理的规划和协调，实现整体发展。具体包括：

制定整体目标体系：高校应该根据自身发展阶段和战略定位，制定完善的目标体系，确保各类目标之间的协调性和一致性。

强化绩效管理机制：建立科学合理的绩效评价体系，将各类目标纳入考核范围，激励和引导高校各部门和个人共同努力，实现整体发展目标。

加强信息共享与沟通：高校各部门之间应加强信息共享和沟通，及时了解各类目标的实现情况和困难问题，协同解决，共同推动高校的整体发展。

注重风险管理与控制：在实践中，高校应该重视风险管理与控制工作，通过有效的风险识别和评估，科学合理的风险控制措施，降低财务风险，保障高校的整体发展稳定。

加强监督与问责机制：建立健全的财务监督与问责机制，加强对高校财务管理的监督，确保高校各类目标的实现，促进高校整体发展。

三、高校财务目标实现的路径和方法

（一）高校财务目标实现的基本路径

高校财务目标的实现是一个综合性过程，涉及资源配置、收支平衡、投资决策等多个方面。在实现财务目标的过程中，高校需要通过优化资源配置和利用，有效管理财务风险，提高财务运营效率，以及加强内外部合作与沟通等途径来保障财务目标的达成。

1. 资源配置与利用优化

（1）高校资源的特点和使用现状

高校资源主要包括资金、人力、物资等方面。主要来源于国家拨款、学费收入、科研项目资助等；人力资源包括教职员工和学生等；物资资源则涵盖校园基础设施、实验室设备等。

在实际运作中，高校资源利用面临一些瓶颈和挑战。例如，资金来源不均衡、资金使用效率低下，人力资源配置不合理、人才培养缺乏针对性，物资资源配置不当、设备更新不及时等问题都会影响高校财务目标的实现。

（2）优化资源配置以实现财务目标

优化资源配置是实现高校财务目标的基础和前提。高校可以通过以下途径来实现资源配置的优化：

①提升资金使用效率。完善财务管理制度，加强预算管理和绩效评价，优化

资金使用结构。加强财务监管，严格控制财务支出，防止浪费和滥用。

②优化人力资源配置。实行人才激励政策，提高人员素质和工作积极性。加强人才培养和流动，合理配置人力资源，满足学校发展需求。

③提高物资资源利用效率。完善设备管理制度，加强设备维护和更新，延长设备使用寿命。优化实验室、教学设施的利用规划，提高资源利用率。

优化资源配置需要高校全体成员的共同努力，制定科学的管理制度和政策，建立健全的内部监管机制，实现资源的合理配置和充分利用，从而为财务目标实现奠定基础。

2.政策与制度建设

（1）政策环境对高校财务目标实现的影响

高校财务目标的实现不仅受内部管理和运营的影响，也受外部政策环境的制约和引导。在这部分，笔者将探讨政策环境对高校财务目标实现的影响，并分析政策变化对高校财务管理的挑战和机遇。

政策环境的变迁对高校财务目标实现产生深远影响。首先，财政政策的调整直接影响高校财务收支状况。政府对教育经费的投入、学费政策的调整等都会直接影响高校的财务运作。其次，宏观经济政策的变化也会影响高校的经济环境，进而影响其财务状况。比如，通货膨胀率的变化、利率政策的调整等都会对高校的财务运作产生影响。

政策环境的变化也带来了管理制度的调整。高校财务管理的目标和方式往往受政策法规的制约和指导。政府出台的相关政策和法规，如财务制度改革、财务监督制度等，直接影响高校财务管理的规范和运行。例如，实施"双一流"建设、推进高等教育改革等政策，都要求高校财务管理向着更加规范、透明、科学的方向发展。

（2）建立健全的制度体系的重要性和必要性

在当前不断变化的政策环境下，建立健全的制度体系显得尤为重要和必要。制度体系是高校财务管理的基础保障和有效手段，对于实现财务目标具有重要的支撑作用。

首先，建立健全制度体系有助于规范财务管理行为，保障财务管理的合法性和规范性。通过建立完善的会计制度、财务管理制度等，有助于高校明确各项财务管理的程序和规则，防止违规操作和财务风险的发生，确保财务运作的安全和稳定。

其次，建立健全制度体系有利于提高财务管理效率和效益。规范的制度体系可以优化资源配置，提高资金使用率，降低管理成本，从而实现财务管理的经济效益和社会效益的双赢。

最后，建立健全制度体系有助于提升高校的竞争力和可持续发展能力。通过建立科学合理的财务管理制度，有助于高校提升财务透明度和信誉度，吸引更多的投资和资源，促进高校的发展壮大。

总的来说，建立健全制度体系是推动高校财务管理现代化、提升管理水平的重要保障和有效途径。只有不断完善制度、加强规范管理，才能更好地适应政策环境的变化，实现高校财务目标的可持续发展。

3. 合理规划与预算管理

（1）制定合理的财务规划和预算的重要性

在高校财务管理中，制定合理的财务规划和预算至关重要。这一过程不仅是简单地对财务资源进行分配，更是对高校未来发展方向和目标的明确规划，具有以下重要性：

目标导向性：财务规划和预算能够帮助高校明确发展目标和战略方向，使财务活动更具针对性和有效性。通过设定明确的财务目标，高校能够更好地实现财务资源的优化配置和利用。

资源优化配置：合理的财务规划和预算能够有效指导财务资源的合理配置，确保资源的充分利用和效益最大化。通过对不同部门、项目的财务需求进行评估和分配，可以避免资源的浪费和低效使用。

风险防范：财务规划和预算可以帮助高校及时发现和应对潜在的财务风险，降低财务风险对学校发展的影响。通过对各种风险因素的分析和评估，高校可以采取相应的措施进行预防和化解，保障财务安全。

决策支持：财务规划和预算为高校决策提供重要参考依据，帮助管理者做出明智的财务决策。基于财务预算和规划结果，管理者可以进行资金调配、项目优先级排序等决策，从而更好地推动高校的发展。

监督和评估：财务规划和预算建立了对财务活动的监督和评估机制，有利于确保财务管理的透明度和合规性。通过定期对预算执行情况和财务目标实现情况进行评估，高校可以及时发现问题并采取改进措施，保障财务管理的健康运行。

因此，制定合理的财务规划不仅是高校财务管理的基础工作，也是实现高校可持续发展的关键环节。只有通过科学规划和有效预算，高校才能更好地应对外部环境的变化，实现财务目标的可持续增长。

（2）预算管理对财务目标实现的作用和机制

预算管理作为财务管理的重要手段之一，对于高校财务目标的实现具有重要作用。

资源分配的有效性：预算管理通过对财务资源进行预先分配和计划，能够保证资源的有效利用和合理配置。预算制定和执行过程可以使财务资源按照高校的战略目标和优先需求进行分配，确保资源利用的最大化。

绩效评估的基准：预算管理为高校提供了一个衡量绩效的重要标准。通过与预算相对比，高校可以评估各项活动和项目的实际执行情况，及时发现偏差和问题，进而采取相应措施加以调整和改进，推动财务目标的实现。

成本控制机制：预算管理有助于建立成本控制机制，防止费用的无序增长和浪费。高校通过对各项支出进行预算和控制，有效避免了财务浪费和不必要的开支，提高资源利用效率，为高校的长远发展提供可持续支撑。

激励机制：预算管理可以作为一种激励机制，促使各个部门和单位更加注重成本控制和绩效改善。高校通过设定合理的预算目标和奖惩机制，激发各方的积极性和创造性，提高财务目标的达成率和效率。

决策支持和信息反馈：预算管理为高校提供了重要的决策支持和信息反馈机制。通过对预算执行情况的监控和分析，管理者可以及时了解各项财务活动的进展情况和问题，为决策提供可靠的数据依据。

综上所述，预算管理通过对财务活动的规划、控制和评估，为高校财务目标的实现提供了有效的保障和支持。只有通过预算管理的科学运作，高校才能更好地应对复杂多变的财务环境，实现财务目标的稳健增长和长期发展。

（二）有效的目标管理和实施策略

1.目标分解与绩效考核

（1）目标分解的概念和方法

目标分解是高校财务管理中的重要环节，它将高层次的战略目标分解为具体的、可量化的操作性目标，以便实现有效的管理和控制。以下是目标分解的主要概念和方法：

①概念解析。

目标分解是指将高层次目标分解为更具体的目标和任务的过程。在高校财务管理中，目标分解将战略目标细化为财务目标，进而落实到具体的财务活动和项目中。

②方法论。

SMART 原则：目标必须具备明确性（Specific）、可衡量性（Measurable）、可实现性（Achievable）、相关性（Relevant）、时限性（Time-bound）。采用 SMART 原则可以确保目标的可行性和有效性。

逆向分解法：从整体到部分，逐级分解，确保每个子目标都能够贡献到整体目标的实现。

③操作步骤。

确定高层次目标：明确高校财务管理的战略目标是首要，战略目标通常由高层管理者制定，包括财务增长、风险控制等。

分解为具体目标：将战略目标细化为具体、可量化的财务目标，如降低成本、提高资产回报率等。

制订行动计划：针对每个具体目标制订相应的行动计划和时间表，明确责任人和执行时间。

实施和监督：执行行动计划，并及时监控进度和结果，对偏离预期的情况进行调整和优化。

以某高校财务部门为例，该部门的战略目标是优化资源配置，降低成本。通过目标分解，将这一战略目标分解为减少采购成本、优化投资收益等具体目标。然后制订相应的行动计划，并建立绩效考核体系，对部门成员的绩效进行评估。

（2）绩效考核体系的建立与运行

绩效考核是高校财务管理中保证目标有效实施和达成的关键环节。建立和运行科学合理的绩效考核体系，可以激励员工的积极性，推动组织朝着既定目标迈进。以下是绩效考核体系的建立与运行方面的主要内容：

①建立绩效考核体系。

设定评价指标：根据目标分解的结果和 SMART 原则，确定适合高校财务管理的绩效评价指标，如成本控制率、资产回报率等。

确定权重比例：为不同指标确定权重比例，体现各项指标在绩效评价中的重要性和贡献度。

制定评价标准：明确各项指标的评价标准和达成标准，确保评价结果客观公正。

②运行绩效考核体系。

员工培训和沟通：向员工介绍绩效考核体系的目的、内容和评价标准，进行培训和沟通，确保员工理解和认同。

绩效评估和反馈：定期对员工的绩效进行评估，并为员工提供反馈，及时指出问题和改进方向。

激励与奖惩：根据绩效评估结果，对表现优秀的员工进行奖励，对表现不佳的员工进行纠正。

例如，某高校财务部门建立了绩效考核体系，将成本控制率、投资收益率等指标纳入考核范围。定期对员工的绩效进行评估，并根据评估结果给予奖惩。这一体系有效激发了员工的积极性，提高了财务管理工作的效率和质量。

2. 激励机制与管理控制

（1）激励机制对目标实现的促进作用

激励机制在高校财务管理中起至关重要的作用，不仅可以促进个体和组织的积极行为，还能够对整体目标的实现产生积极影响。以下是激励机制对目标实现的促进作用。

提高工作积极性和动力：通过激励机制激发高校财务管理人员的工作积极性和主动性。如通过设置绩效考核和奖励制度，鼓励工作表现突出的个体和团队，从而提高他们的工作动力。

促进团队合作与协调：激励机制有助于促进团队内部的合作与协调，使团队成员更加团结一致地追求共同的目标。通过设立团队奖励和奖励合作行为的机制，促进团队成员之间的合作，提升整体绩效。

激发创新和改进意识：良好的激励机制可以激发高校财务管理人员的创新

意识，鼓励他们不断探索新的管理方法和技术，以应对日益复杂的财务管理环境。

吸引和留住人才：激励机制可以提供具有竞争力的薪酬待遇和职业发展机会，吸引和留住高素质的财务管理人才，为高校财务管理的长期发展提供人才支持。

（2）管理控制的手段和方法

管理控制是高校财务管理中确保目标实现和资源有效利用的重要手段之一。以下是管理控制的主要方法：

预算控制：预算控制是指通过预算制度对高校财务活动进行计划、执行和控制。高校通过设立预算目标、制订预算计划和实施预算控制，可以有效地监督和管理财务资源的使用情况，确保资源的合理配置和利用。

绩效评价：绩效评价是对高校财务管理绩效进行定量和定性评估的过程。高校通过建立科学合理的绩效评价体系，客观评价财务管理工作的业绩和效果，发现问题和不足，为改进管理提供依据和方向。

内部控制：内部控制是指通过建立完善的内部控制制度，确保高校财务管理活动的合法性、合规性、规范性和有效性。内部控制包括风险管理、审计监督、信息披露等方面，旨在防范和化解风险，保障高校财务管理的稳健运行。

激励与奖惩机制：激励与奖惩机制是管理控制的重要手段之一，通过奖惩措施调动高校财务管理人员的积极性和主动性，提高整体绩效。激励手段包括薪酬激励、晋升机会、荣誉奖励等；而惩罚机制则包括惩戒措施和责任追究等。

综上所述，激励机制和管理控制是高校财务管理中至关重要的两个方面，二者相互作用、相互支持，共同推动高校财务目标的实现和管理效能的提升。通过科学合理地设计和实施激励机制和管理控制措施，提升高校财务管理水平和能力，实现高校的长期发展和稳健运行。

3.过程优化与持续改进

（1）过程优化在目标管理中的重要性

过程优化是指对组织内部各种业务流程和运作方式进行全面审视和调整，以提高效率、降低成本、增强竞争力的管理手段。在高校财务管理中，过程优化尤为重要，因为高校作为一个复杂的组织系统，其财务管理涉及诸多环节和流程，如预算编制、资金使用、账务处理等，这些流程的优化直接影响财务目标的实现和整体运营效率的提高。

流程优化与目标对齐：过程优化的首要任务是确保各项流程与组织目标保持一致。通过明确目标管理的核心目标与战略方向，高校可以有针对性地优化财务管理流程，确保各项工作的开展符合组织整体战略，避免资源浪费和方向偏离。

流程透明与监督：过程优化需要建立流程的透明化和监控机制，以确保流程的高效运行。高校财务管理中的各个环节都应该被明确规范和监督，从而及时发现并解决潜在问题，保证流程的稳定性和可控性。

数据驱动的决策：过程优化需要依托数据来进行决策和优化调整。高校财务管理中产生的大量数据可以被用于分析和评估各个流程的效率和质量，从而为优化提供有力支撑和指导。

（2）持续改进的理念和实践方法

持续改进是指组织不断寻求提升、追求卓越的一种管理理念和实践方法。在高校财务管理中，持续改进的理念和实践方法有助于不断提升财务管理水平，适应不断变化的环境和需求。

持续改进的管理模式：高校财务管理可以采用PDCA循环（Plan-Do-Check-Act）等持续改进的管理模式。这一模式通过明确目标、实施计划、检查结果和持续改进，使财务管理工作不断优化和提升。

持续改进的组织文化：高校需要建立积极且持续改进的组织文化，鼓励员工不断提出改进建议、参与改进活动。只有在员工的共同努力下，持续改进才能真正落地并产生实际效果。

利用信息技术支持持续改进：信息技术在持续改进过程中发挥重要作用。高校可以利用信息系统对财务流程进行全面监控和数据分析，及时发现问题并提出改进方案，从而实现财务管理工作的持续优化和提升。

持续改进的绩效评估：为了确保持续改进的有效性，高校需要建立相应的绩效评估体系，对改进措施的实施效果进行定量和定性评估，为下一轮改进提供经验和参考。

第二节 高校财务决策的理论与方法

一、高校财务决策的理论基础

（一）财务决策理论的发展历程

1. 早期财务决策理论

早期的财务决策理论主要集中在财务管理的基本原则和财务报表分析上。这个阶段主要关注企业如何管理资金、控制成本及提高盈利能力。其中，杜邦分析和财务杠杆理论等成为早期财务决策理论的代表性工具和模型。

2. 现代财务决策理论

随着经济学和金融学的发展，现代财务决策理论更加注重风险管理、资本结构优化及价值最大化。其中，资本资产定价模型（CAPM）、期权定价理论（OPT）等成为现代财务决策理论的重要组成部分。

现代财务决策理论还包括现金流量折现、实物资本预算等方法，强调在决策中考虑时间价值和风险溢价的重要性。此外，行为金融学的兴起为财务决策理论带来新视角，强调决策者的行为偏差对决策结果的影响。

3. 高校财务决策理论的应用

将财务决策理论应用于高校财务管理中，需要考虑高校特有的经营环境和目标。高校作为非营利性机构，其财务决策除经济效益外，还需兼顾教育质量、社会责任等因素。因此，在应用财务决策理论时，需要结合高校的特点和目标进行调整和优化。

高校财务决策理论的应用涉及资金管理、投资决策、资本结构优化等方面，既要保证财务稳健，又要实现资源的最优配置，以支持高校的长期发展和战略目标的实现。在当前高校面临经费紧张、资源配置不足等挑战下，深入研究和应用财务决策理论，对于提升高校财务管理水平、优化资源配置具有重要意义。

(二)财务决策理论的主要观点和方法论

在高校财务管理实践中,财务决策理论扮演至关重要的角色,它既是指导高校财务决策的理论指南,也是分析和解决财务问题的方法论基础。本部分将详细介绍财务决策理论的主要观点和方法论,主要包括资本预算理论、资本结构理论和资金成本理论。

1. 资本预算理论

资本预算理论是财务管理中的重要理论之一,主要用于评估和选择投资项目。其核心观点包括:

现金流量的重要性:资本预算理论强调投资项目的核心是产生现金流量,而非会计利润。因此,对于投资项目的评估和决策,高校财务应重点关注现金流量的大小、时间和风险。

时间价值的考虑:资本预算理论认识到了资金的时间价值,即相同金额的资金在不同时间点具有不同的价值。因此,它采用了现值、净现值、内部收益率等方法来考虑资金的时间价值,以便更准确地评估投资项目的收益性。

不确定性的处理:资本预算理论充分考虑了投资项目的不确定性,通过灵活运用风险分析和敏感性分析等方法,对不确定因素进行量化和评估,以提高决策的准确性和可靠性。

2. 资本结构理论

资本结构理论探讨了企业融资的最优结构问题,即如何选择最合适的债务和股权比例来融资。其主要观点包括:

杠杆效应的存在:资本结构理论认为,通过债务融资可以发挥杠杆效应,即债务资本的成本低于股权资本,从而降低企业的加权平均资本成本,提高股东的收益。

税收影响:资本结构理论强调了税收对资本结构的影响。由于利息支出可以作为税前成本进行扣除,债务资本的成本相对于股权资本而言更为低廉,企业倾向于增加债务融资。

财务灵活性:资本结构理论强调了财务灵活性的重要性。适度的负债结构可以提高企业的财务灵活性,有利于应对市场变化和经营风险,从而增强企业的竞争力。

3. 资金成本理论

资金成本理论是指企业融资的成本问题，它关注企业获取资金的成本和效率。其主要观点包括：

资金成本的来源：资金成本理论认为，企业获取资金的成本主要来自债务和股权两个方面。债务资本的成本包括利息支付，而股权资本的成本则包括股息支付和股票发行成本。

资金成本的衡量：资金成本理论提出了不同资金来源的成本衡量方法。对于债务资本，通常采用债务成本率或债券收益率来衡量；而对于股权资本，则采用股权资本成本率或资本资产定价模型来衡量。

最优资金结构的选择：资金成本理论认为，企业应该以最小化资本成本为目标，选择最优的资金结构。这需要综合考虑债务和股权资本的成本、风险和税收影响等因素，以确定最适合企业的资本结构。

二、高校财务决策模型与工具

（一）高校财务决策常用的模型和工具

高校财务决策是指在教育经费、资产管理、项目投资等方面做出选择的过程。为了更有效地做出这些决策，高校常常利用各种财务模型和工具进行分析和评估。以下是高校财务决策中常用的模型和工具。

1. 财务比率分析模型

财务比率分析是一种通过比较不同财务指标之间的关系来评估高校财务状况和绩效的方法。常用的财务比率包括流动比率、资产负债率、盈利能力比率等。通过分析这些比率，高校可以了解资金流动性、偿债能力、盈利能力等情况，顺利做出财务决策。

2. 财务预测模型

财务预测模型是基于历史数据和未来预期变化趋势，对高校未来财务状况进行预测和分析的工具。常用的预测方法包括趋势分析、回归分析、时间序列分析等。通过财务预测模型，高校可以对未来资金需求、收入增长、支出变化等进行合理预测，顺利做出财务决策。

3. 资本预算模型

资本预算模型用于评估高校投资项目的经济效益和风险。常用的资本预算指标包括净现值（NPV）、内部收益率（IRR）、贴现现值（DCF）等。通过这些模型，高校可以对不同投资项目的收益情况进行量化分析，从而选择最具价值和可行性的投资项目。

4. 敏感性分析和风险管理工具

敏感性分析和风险管理工具用于评估高校财务决策对不确定性因素的敏感程度和风险情况。常用的工具包括敏感性分析、蒙特卡罗模拟、场景分析等。通过这些模型工具，高校可以识别并量化潜在的风险因素，制定相应的风险管理策略，减小不确定性对决策结果的影响。

（二）每种模型和工具的适用范围和局限性

1. 模型适用范围的界定

财务比率分析模型适用于评估高校的财务健康状况和经营绩效，但仅限于静态财务数据的分析，无法全面反映高校的动态财务变化。

财务预测模型适用于预测高校未来的财务状况和业绩，但受外部环境变化和数据不确定性的影响，预测结果具有一定的不确定性。

资本预算模型适用于评估高校长期投资项目的可行性，但无法考虑项目的所有风险因素，也可能导致投资决策的偏差。

敏感性分析和风险管理工具适用于评估高校财务决策对不确定性因素的敏感程度和风险水平，但无法完全消除风险，只能降低风险的概率和影响程度。

2. 模型的局限性和风险

财务比率分析模型的局限性在于对静态财务数据的依赖，可能忽略了高校经营环境和战略变化对财务表现的影响。

财务预测模型受外部环境变化和数据不确定性的影响，预测结果可能存在一定的误差。

资本预算模型无法考虑所有的项目风险因素，可能导致投资决策的风险和偏差。

敏感性分析和风险管理工具仅能识别和评估部分风险因素，无法完全消除风险，高校需要制定合理的风险管理策略来降低风险的影响。

通过对每种模型和工具的适用范围和局限性进行分析，高校可以更加准确地选择和应用适合自身情况的财务决策模型和工具，提高决策的科学性和有效性。

三、高校财务决策的风险管理

（一）高校财务决策中的风险管理问题

1. 高校财务决策中风险的特点

高校作为教育机构，在财务管理中面临一系列的风险。其风险点不仅与高校本身的性质有关，也与其运营环境、外部监管政策等因素密切相关。以下是一些典型的高校财务决策中风险的特点。

（1）长期性与不确定性

高校财务决策通常具有长期性，如资产投资、人才培养等项目，其结果在几年乃至十几年后才能显现。这种长期性带来了不确定性，使高校财务决策面临更多的风险和挑战。

（2）多元化的利益相关者

高校作为涵盖师生、教职员工、政府等多方利益相关者的组织，其财务决策往往受各方利益的影响。这种多元化的利益格局会导致决策过程中的权衡和妥协，增强了决策的复杂性和不确定性。

（3）学科性与专业性

高校财务涉及教学、科研、学生生活等多方面，其财务决策具有一定的学科性和专业性。这意味着决策者需要具备丰富的学科知识和专业经验，才能做出准确、有效的决策。

（4）政策与监管的影响

高校财务决策受到政策和监管的严格限制与指导。政府出台的教育政策、财政补贴政策等都可能会直接影响高校的财务决策行为。同时，监管部门对高校财务管理的监督和审计也会产生一定影响。

（5）外部环境因素的不确定性

外部环境的变化对高校财务决策产生重要影响。经济形势、社会政治局势、科技发展趋势等因素的变化都可能影响高校的财务状况和决策效果。

综上所述，高校财务决策中风险的特点主要体现在长期性与不确定性、多元化的利益相关者、学科性与专业性、政策与监管的影响以及外部环境因素的不确定性等方面，这些特点使得高校财务决策具有较高的风险和复杂性。

2. 高校财务决策中的常见风险问题

高校财务决策中存在多种常见的风险问题，这些问题可能来源于内部管理、外部环境、政策法规等方面，对高校的财务安全和发展造成潜在威胁。以下是高校财务决策中常见的风险问题。

（1）资金不足与投资风险

资金不足是高校财务决策中常见的问题之一。高校面临着教学科研经费、基础设施建设、人才引进等方面的资金需求，但资金来源有限，导致资源配置不足以满足学校的各项发展需求。此外，高校进行投资时也面临投资风险，如投资项目收益低于预期、投资失败等问题。

（2）政策变化带来的影响

高校财务决策往往受政策变化的影响。政府对高校的政策支持、补贴政策、教育改革政策等都会对高校的财务状况产生影响，不同政策的变化会导致高校财务决策的变动。

（3）人才管理风险

高校作为人才密集型组织，人才管理风险是其面临的重要问题之一。高校需要面对人才流失、人才引进与培养等方面的风险，如高层人才离职、人才培养质量不达标等问题，这些都会对高校的财务状况和发展产生一定影响。

（4）市场竞争与品牌风险

高校在面临日益激烈的市场竞争时，品牌风险成为一个重要问题。高校的声誉和品牌形象直接影响招生、科研合作、社会捐赠等方面，因此，一旦高校财务决策引发负面影响，就会对高校品牌形象和声誉造成严重损害。

（5）技术与信息安全风险

随着信息化程度的提高，高校面临着越来越严重的技术与信息安全风险。教学科研数据泄露、信息系统遭受黑客攻击等问题会对高校的正常运行和财务安全造成严重影响。

综上所述，高校财务决策中的风险问题主要包括资金不足与投资风险、政策变化带来的影响、人才管理风险、市场竞争与品牌风险、技术与信息安全风险等方面。这些风险问题的存在，给高校财务决策带来了不确定性和挑战，需要采取有效的风险管理策略和措施来应对。

（二）风险评估和控制的方法和策略

1. 风险评估方法与工具

在高校财务决策中，有效的风险评估是确保决策合理性和可行性的关键。以下是一些常见的风险评估方法和工具。

风险矩阵：风险矩阵是一种直观的评估工具，通过将风险的可能性和影响程度绘制在矩阵中，对风险进行分类和优先级排序。高校可以根据不同风险的重要性和紧迫性，采取相应的应对策略。

事件树分析：事件树分析是一种系统的风险评估方法，通过分析事件发展的可能路径和概率，评估不同决策方案的风险程度。高校可以利用事件树分析确定潜在风险事件的发生概率和影响程度，为决策提供可靠的风险控制信息。

敏感性分析：敏感性分析是一种基于参数变化对决策结果进行评估的方法。高校可以通过调整关键参数，分析其对决策结果的影响程度，识别决策的脆弱性和不确定性，从而制定相应的风险管理策略。

历史数据分析：通过分析历史数据和案例，高校可以识别过去发生的类似风险事件及其影响，从而预测未来可能面临的风险。历史数据分析可以为高校提供宝贵的经验教训，帮助其避免重复的错误和失误。

2. 风险控制策略与措施

在识别和评估风险后，高校需要制定相应的风险控制策略和措施，以降低风险的发生概率和影响程度。

多元化投资：高校可以通过将资金分散投资于不同的项目或资产类别，降低投资组合的整体风险。多元化投资可以有效分散特定项目或行业的风险，提高整体投资组合的抗风险能力。

保险补救：在面临特定风险时，高校可以购买相应的保险产品，以转移或减小风险造成的损失。例如，财产保险、责任保险等都可以为高校提供必要的保障，降低财务风险带来的损失。

强化内部控制：加强内部控制是降低高校财务风险的重要措施之一。高校可以建立健全财务管理制度和流程，加强财务监督和审计，及时发现并控制财务风险，保障资金的安全和有效使用。

提高信息披露透明度：提高信息披露透明度是加强高校财务风险管理的重要手段之一。高校应当及时向内外部利益相关者披露财务信息和风险情况，建立公开透明的财务管理机制，增强风险管理的有效性和可信度。

通过采取上述风险评估和控制方法与策略，高校可以更加科学地管理和应对各种财务风险，确保财务决策的稳健性和可持续性。

第三章　高校财务控制与预算

第一节　高校财务控制的原理与实践

一、高校财务控制的基本概念

（一）高校财务控制的含义和作用

1.高校财务控制的定义

高校财务控制是指通过制定、执行一系列管理措施，以确保高校财务活动符合规章制度、预期目标，并实现资源有效配置的管理过程。在高校的财务管理中，控制是确保资金、资产、成本和其他财务资源得以合理利用，保障高校财务稳健运行的重要手段。

（1）高校财务控制的基本含义和范围

高校财务控制包括对财务活动中的各项资源、流程和环节进行规划、监督、评估和调整的管理活动。其范围涵盖了预算编制、执行、监督、成本控制、财务风险管理等方面。

（2）财务控制在高校管理中的重要性和必要性

财务控制在高校管理中具有重要地位和作用。其重要性主要体现在以下几个方面：

资金使用效率提升：通过财务控制，高校能够合理规划和监督资金使用，提升资金使用效率，确保经费得到最大化利用。

风险防范与控制：财务控制能够帮助高校发现和预防财务风险，降低经营风险，保障高校财务安全稳定。

资源配置优化：通过财务控制，高校能够科学合理地配置财务资源，优化资源结构，提高资源利用效率。

决策支持与监督：财务控制为高校决策提供了重要的信息支持和监督机制，有助于管理者制定科学的财务决策，确保决策的合理性和可行性。

促进高校可持续发展：财务控制能够促进高校的可持续发展，通过有效管理财务活动，确保高校长期稳定发展的基础。

在高校财务管理中，财务控制是一项重要而复杂的工作，需要结合高校的实际情况和管理需求，采取科学合理的控制措施，确保财务管理工作的顺利进行和高校经济效益的持续提升。

2. 财务控制的作用与目标

财务控制作为高校管理中至关重要的一环，具有监督、调节和优化资源利用等作用。本部分将探讨财务控制在高校管理中的作用和功能及其基本目标。

（1）财务控制在高校管理中的作用和功能

①监督资金使用。高校作为教育机构，拥有大量的资金投入和支出，需要确保这些资金被有效使用。财务控制通过建立预算、审计和内部控制等机制，监督和管理资金的使用，确保资金流向合理、合法、透明。

②保障财务稳健。财务控制有助于确保高校财务状况的稳健。通过控制支出、管理风险，避免财务风险的出现，保障高校的财务安全和稳定。

③支持决策。财务控制提供了重要的财务数据和信息，为高校管理层的决策提供支持。通过财务报表、预算分析等工具，管理层可以更好地了解高校的财务状况，从而制定更加合理的管理策略和决策。

④优化资源配置。财务控制有助于优化高校资源的配置和利用。通过对支出的管控和优化，确保资源得到最大化使用，提高高校的整体运行效率和效益。

⑤提升透明度和责任意识。财务控制有助于提升高校的财务透明度和责任意识。通过建立透明的财务管理制度和流程，加强财务信息披露，促进高校管理的公开、透明。

（2）财务控制的基本目标

①经济性。财务控制的首要目标是确保高校的经济性。这意味着在资源有限的情况下，实现尽可能高的效益和成本效率，确保资源的有效配置和利用。

②安全性。财务控制的一个基本目标是保障高校的财务安全。这包括保护资产的安全、预防财务风险的发生，确保高校的财务稳健和持续发展。

③可持续性。财务控制应促进高校的可持续发展。这意味着在满足当前需求的基础上，兼顾未来发展需要，确保高校的财务长期稳健和可持续性发展。

④透明度。财务控制的目标之一是提升财务管理的透明度。这包括加强财务信息披露，确保财务信息的真实、准确和及时性，提高利益相关者对高校财务管理的信任度。

⑤效率性。财务控制应促进高校的管理效率。这包括提高资源利用效率、优化流程和制度，提高高校财务管理的整体效率和效益。

通过实现这些基本目标，财务控制可以更好地发挥其在高校管理中的作用，为高校的稳健发展提供有力支持。

（二）高校财务控制与财务管理的关系

财务控制是高校财务管理中至关重要的一环，它与财务管理密切相关，但又有各自不同的职责和作用。本部分将重点探讨财务控制与财务管理之间的关系，并分析财务控制与其他管理控制的联系和区别，以及如何协调各种管理控制手段，实现高校管理目标的统一和协调。

1. 财务控制与财务管理的区别

（1）财务控制与财务管理的概念和职责范围比较

财务管理是指对高校财务活动进行规划、组织、指挥、协调和控制，以实现高校财务目标的管理活动。它涵盖了预算编制、资金管理、会计核算、财务分析等方面。而财务控制是财务管理的一个重要组成部分，它侧重监督和控制高校财务活动的过程，确保财务目标的实现。财务控制包括预算控制、成本控制、资金控制等方面。

（2）财务控制在财务管理中的地位和作用

财务控制在财务管理中占据主导地位，它是财务管理的重要手段之一，通过对财务活动进行监督和控制，保障财务活动的合规性和有效性。财务控制能够帮助高校及时发现财务问题和风险，及时采取措施加以解决，确保高校财务活动的稳健发展。

2.财务控制与其他管理控制的关系

（1）财务控制与成本控制、内部控制等其他管理控制的联系和区别

财务控制与成本控制、内部控制等其他管理控制密切相关，它们共同构成了高校管理的重要组成部分，但又各自有不同的职责和作用。

财务控制主要关注高校财务活动的规范和合规性，重点在于监督和控制财务活动的过程，确保资源的有效利用和财务目标的实现。

成本控制更侧重管理成本的产生和使用过程，包括成本的预算、分配、控制和评估等方面，旨在降低成本、提高效益。

内部控制是指高校内部建立的一套制度和程序，旨在保障财务信息的真实性、完整性和可靠性，防范财务风险，提高高校财务管理效率和效果。

（2）如何协调各种管理控制手段以实现高校管理目标的统一和协调

为了实现高校管理目标的统一和协调，需要合理协调各种管理控制手段，确保它们之间的互相配合和相互促进。

首先，需要建立完善的管理体系和流程，明确各种管理控制手段的职责和作用，形成管理闭环，实现高校管理的全覆盖。

其次，加强跨部门、跨层级的沟通与协作，推动各部门之间的信息共享和资源整合，实现管理目标的统一和协调。

最后，不断优化和完善管理控制手段，结合实际情况不断调整和改进管理措施，提升管理水平和效能，实现高校管理的可持续发展。

通过以上方式的有效协调，高校可以更好地发挥各种管理控制手段的作用，促进管理目标的实现，推动财务管理水平不断提升，实现可持续发展。

二、高校财务控制的原理与方法

在高校财务管理中，财务控制是确保财务活动合规性、规范性和有效性的重要手段之一。本部分将介绍财务控制的基本原理和财务控制的常用方法与技术。

（一）财务控制的基本原理

财务控制的基本原理是构建一个完善的责任制度和内部控制体系，通过明确的责任分工和内部监督机制，实现对财务活动全过程的监控和管理。

1. 责任制度原理

责任制度是财务控制的基础，它通过明确规定各岗位在财务管理中的责任和义务，实现责任落实和行为规范化。

（1）财务控制中的责任制度构建和实施

在高校财务管理中，建立健全责任制度是保障财务活动正常运行的前提。这包括确定各财务岗位的职责和权限、明确财务流程和决策程序、建立绩效考核和奖惩机制等。

责任制度的构建需要与高校的组织结构和管理模式相匹配，充分考虑高校的特点和实际情况，确保责任分工明确、协同配合，形成有效的内部控制网络。

（2）责任制度对于财务控制的有效性和可行性

财务控制的有效性和可行性受责任制度的直接影响。责任制度的建立和执行能够有效地规范和约束财务活动，提高财务管理效率和效果。

财务责任制度的科学性和灵活性也是保障财务控制有效性的重要因素，要根据高校的具体情况不断完善和调整责任制度，确保其适应性和实用性。

2. 内部控制原理

内部控制是财务管理的重要组成部分，它通过建立一系列制度、规范和程序，对财务活动进行内部监督和管理，防范各种风险和错误，保障财务活动的安全、有效和合规。

（1）内部控制在财务控制中的地位和作用

在高校财务管理中，内部控制发挥至关重要的作用，它不仅是确保财务数据真实可靠、财务制度完善健全的关键保障，也是防范各种财务风险和错误的有效手段。

内部控制体系的建立不仅是一项制度安排，更是一种管理理念和文化的体现。它需要全员参与，形成全员监控、全员管理的管理模式，确保财务活动的规范和合规。

（2）内部控制原理在高校财务管理中的具体应用

在高校财务管理中，内部控制原理的应用主要体现在以下几个方面：

财务流程和制度设计：建立完善的财务管理制度和流程，确保各项财务活动符合法律法规和学校规定。

内部审计和监督机制：建立内部审计部门或委员会，对财务活动进行定期检查和审计，发现问题及时纠正。

风险管理和控制：对可能存在的财务风险进行识别和评估，制定相应的风险应对措施，保障财务安全和稳定。

内部控制原理的应用需要结合高校的实际情况，根据不同的财务活动和环节制定相应的控制措施，确保内部控制体系的全面性和有效性。

通过对财务控制的基本原理的探讨，更好地认识和理解高校财务管理中的责任制度和内部控制体系的重要性和作用。只有建立健全责任制度和内部控制体系，才能有效地提升高校财务管理水平和效能，实现财务活动的安全、合规和有效。

（二）财务控制的常用方法与技术

在高校财务管理中，财务控制是确保财务活动按照预期目标和计划进行的重要手段之一。预算控制作为关键方法之一，在高校财务管理中发挥重要作用。

1. 预算控制方法

（1）预算在财务控制中的重要性和应用范围

预算是一种计划财务活动的工具，通过预先确定的收入和支出计划，为高校财务管理提供稳定的框架和指导。其重要性和应用范围体现在以下几个方面：

资源分配和利用：预算能够帮助高校对资源进行有效分配和利用，确保有限的资源得到最佳配置。

绩效评估：预算可以作为评价高校绩效的重要标准之一，通过比较实际结果与预算目标，评估绩效水平。

决策支持：预算提供了决策支持的基础数据和信息，为高校管理层制定战略和决策提供依据。

（2）不同类型预算的编制和执行方法

在高校财务管理中，常见的预算类型包括财务预算、资本预算、经营预算等。不同类型预算，其编制和执行方法存在差异。

①财务预算。财务预算主要涉及高校的日常收支安排和资金管理，其编制和执行方法通常包括以下步骤。

收入预算：根据历史数据和预期情况，制定收入预算，确定高校在一定时期内预期的收入来源和金额。

支出预算：根据高校的运营需求和经验数据，制定支出预算，包括各项支出的预算数额和用途。

执行控制：在执行过程中，及时比较实际收支情况与预算数额，进行控制和调整，确保预算的执行情况符合预期目标。

②资本预算。资本预算主要涉及高校的长期投资项目和资产管理，其编制和执行方法包括以下关键步骤：

项目评估：对于拟投资项目进行全面评估，包括投资回报率、风险评估等，确定项目的可行性和优先级。

资金筹集：根据项目需求和资金情况，制订资金筹集计划，包括内部融资和外部融资等多种途径。

项目执行：在项目实施过程中，及时跟踪项目进度和资金使用情况，确保资本预算项目按计划进行并达到预期效果。

③经营预算。经营预算是对高校各项业务活动进行全面安排和控制的预算类型，其编制和执行方法包括以下关键环节。

业务规划：根据高校的发展战略和业务需求，制定业务规划和目标，确定预算编制的基本依据。

资源配置：根据业务规划，合理配置资源，包括人力、物资、资金等，确保各项业务活动顺利开展。

业绩评估：对各项业务活动进行定期评估和审查，比较实际业绩与预期目标，及时调整预算计划，提高经营效率。

预算控制作为高校财务管理的重要方法之一，通过制订合理的预算计划和严格的执行控制，可以有效管理高校的财务活动，确保资源的合理利用和财务目标的实现。各种类型的预算在编制和执行方法上存在一定差异，需要根据高校的具体情况和需求进行灵活应用和调整。

2. 成本控制技术

成本控制在高校财务管理中扮演至关重要的角色，它不仅是确保高校财务稳健运行的关键环节，更是提高高校经济效益和资源利用效率的重要手段。本部分将探讨成本控制在高校财务管理中的作用和意义，以及常用的成本控制技术和实施步骤。

（1）成本控制在高校财务管理中的作用和意义

①提升资源利用效率。高校作为教育机构，资源的利用效率直接关系教学、科研和管理水平。通过成本控制，可以有效管理和优化资源配置，实现资源利用的最大化。

②提高财务健康水平。成本控制有助于控制开支、降低成本，从而保证高校财务的稳健性和健康性，减少财务风险，提高财务自主性和抗风险能力。

③改善财务绩效。成本控制能够降低经营成本，提高经营效率，实现财务绩效的持续改善。通过控制成本，高校可以提高教育教学质量、学生满意度，以及学校声誉和竞争力。

④支持可持续发展。成本控制不仅关乎眼前的经济效益，更与高校的长远发展息息相关。通过合理控制成本，高校可以更好地支持可持续发展战略，促进高校的稳健发展。

（2）成本控制的常用技术和实施步骤

①常用技术。

成本分析：成本分析是成本控制的基础，通过对各项成本的分类、分解和分析，深入了解各项成本的构成和变动规律，为成本控制提供依据。

预算控制：预算控制是常用的成本控制技术之一，通过制订详细的预算计划和目标，监控和控制实际支出，及时发现和纠正超支情况，确保预算目标的实现。

标准成本法：标准成本法是一种比较常用的成本控制技术，通过设定标准成本，与实际成本进行比较分析，找出差异原因，进而采取有效措施加以控制。

管理会计技术：管理会计技术包括成本核算、成本控制、绩效评价等方面，通过对财务数据进行收集、分析和应用，为高校的经营管理提供科学依据。

过程改进：通过不断优化和改进业务流程，提高工作效率，降低成本支出，进而实现成本的有效控制。

②实施步骤。

第一步：明确成本控制的目标和原则，根据高校的具体情况确定成本控制的重点和方向。

第二步：进行成本分析，了解各项成本的构成和变动规律，找出影响成本的主要因素。

第三步：制订详细的预算计划和目标，明确各项支出的预算额度和控制标准。

第四步：采取有效的成本控制技术和措施，如标准成本法、预算控制等，对实际支出进行监控和控制。

第五步：不断改进和优化成本管理工作，加强与其他管理环节的协调和配合，实现成本控制的持续改进和提高。

第六步：定期对成本控制工作进行评估和总结，及时调整和完善成本控制策略和措施，确保成本控制工作的有效实施和持续改进。

通过以上成本控制技术和实施步骤，高校可以有效地控制成本，提高资源利用效率，实现财务管理的可持续发展。

3.绩效评价方法

绩效评价在财务控制中扮演着至关重要的角色，它不仅可以帮助高校有效监督和管理财务活动，还可以为其提供重要的决策支持和改进方向。本部分将深入探讨绩效评价方法在财务控制中的应用和价值及其对于财务控制的促进作用和指导意义。

（1）绩效评价在财务控制中的应用和价值

绩效评价是对高校财务活动进行定性和定量分析的过程，旨在衡量高校财务目标的达成程度，并提供改进和优化建议。在财务控制中，绩效评价具有以下重要应用和价值：

确定目标和标准：通过绩效评价，高校可以明确财务目标和标准，确立合理的预期目标和衡量标准。这有助于明确财务活动的方向和重点，为实现财务目标制订具体的行动计划提供依据。

监督和评估财务绩效：绩效评价提供了一种监督和评估财务绩效的有效方法。通过对关键绩效指标（KPIs）的跟踪和分析，高校可以及时发现财务活动中的问题和异常，实行调整策略和措施，确保财务目标的实现。

改进决策和管理：基于绩效评价结果，高校可以制定更加科学和有效的决策和管理策略。通过对财务活动的绩效进行分析发现存在的问题和瓶颈，为决策者提供决策依据和改进方向，促进财务管理的持续优化。

提升透明度和问责制度：绩效评价可以提升高校财务管理的透明度和问责制度的落实。通过公开和透明地发布绩效评价结果，高校可以增强内部员工和外部利益相关者对财务管理的认可和信任，建立有效的问责机制。

（2）绩效评价方法对于财务控制的促进作用和指导意义

绩效评价方法在财务控制中具有重要的促进作用和指导意义，主要体现在以下几个方面：

提供全面的绩效指标体系：绩效评价方法可以帮助高校建立全面的绩效指标体系，包括财务、运营、战略等方面的指标。这些指标可以全面反映高校财务活动的各个方面，为绩效评价提供全面的数据支持和评估依据。

强化数据分析和决策支持：绩效评价方法借助数据分析技术，可以深入挖掘财务数据的内在规律和价值，为决策者提供科学的决策支持。通过对财务数据的分析和解读，高校可以发现财务活动中存在的问题和潜在机会，为决策者提供科学的决策建议。

促进持续改进和创新：绩效评价方法可以帮助高校建立持续改进和创新的机制。通过定期进行绩效评价，高校可以发现财务管理中存在的问题和瓶颈，及时调整和优化管理策略，促进财务管理的持续改进和创新。

加强内外部沟通和合作：绩效评价方法可以促进内外部沟通和合作，提升财务管理的整体效能。通过公开和透明地发布绩效评价结果，高校可以增强内部员工之间的沟通和协作，加强内部团队的凝聚力和战斗力；同时，也可以增强高校与外部利益相关者之间的沟通和合作，增强外部合作伙伴的信任和支持。

绩效评价方法在财务控制中的应用具有重要价值，不仅帮助高校监督和评估财务绩效，提供重要的决策支持，还可以促进财务管理的持续改进和创新。因此，高校应重视绩效评价方法的应用和推广，不断完善和优化财务控制体系，提升财务管理水平和效能。

第二节　高校财务预算的编制与执行

一、高校财务预算的概念和意义

1.高校财务预算的概念解析

财务预算是指高校在一定时期内，根据预期的经济活动和财务状况，对收入、支出、资金等方面进行合理规划和安排的一项管理工具。它涵盖了高校财务管理的收支、资金运用、投资等方方面面的计划和预测。

（1）高校财务预算的概念和内涵

高校财务预算是指高校在财务管理中根据既定目标和时期，对各项财务收支进行预先安排和计划的管理活动。它包括收入预算、支出预算、资金预算等内容，是高校财务管理的重要组成部分。

（2）财务预算在高校管理中的具体含义

在高校管理中，财务预算是指通过对各项收支情况进行预测和规划，制订出一定时期内的财务计划，以实现高校经济活动的有序进行和财务资源的有效利用。

2.高校财务预算的作用

（1）财务预算在高校管理中的重要作用

高校财务预算不仅是财务管理的关键手段，更是实现高校经营目标的重要保障。它通过对财务活动进行规划和控制，确保了高校财务运作的合理性、安全性和效益性。

（2）财务预算对于高校经营决策的影响和意义

财务预算为高校经营决策提供重要依据和参考。通过财务预算，对高校未来的经济活动和财务状况进行预测和评估，为决策者提供了科学的数据支持和依据，帮助其做出更加明智的经营决策。

二、高校财务预算编制流程与方法

（一）高校财务预算的编制过程和步骤

在高校财务管理中，预算编制是至关重要的环节，它不仅是财务规划和资源配置的基础，更是高效运作和持续发展的关键。以下是高校财务预算的编制过程和步骤。

1. 制订预算编制计划

预算编制计划是整个预算编制工作的开端，它的制定涉及预算编制的时间安排、责任人员的确定及编制过程中的具体流程和任务分工。高校在制订预算编制计划时，需要考虑两个方面。

（1）确定预算编制的时间表和责任人员

首先，要确定预算编制的时间节点，通常根据高校的学年或财年来确定预算编制的周期。其次，确定负责预算编制工作的责任人员，包括财务部门的工作人员、各部门主管及其他相关人员。

（2）制定预算编制的具体流程和任务分工

在确定时间表和责任人员之后，高校需要制定预算编制的具体流程和任务分工。这包括确定预算编制的流程步骤、各个环节的时间节点和所需的材料文件，以及明确每个责任人员的具体任务和职责。

预算编制的具体流程通常包括以下几个环节：

收集信息和数据：财务部门负责收集各部门的预算需求和历史数据，包括收入、支出、资产、负债等信息。

制定预算指标：根据收集的信息和数据，确定预算编制的指标和标准，包括预算金额、费用科目、项目分类等。

制定预算方案：根据预算指标，制定预算方案，包括各项支出的具体金额、分配比例、适用范围等。

编制预算报告：将编制好的预算方案整理成预算报告，包括预算说明、预算分析、预算调整等内容。

审批和执行：将预算报告提交相关部门审批，并根据审批结果执行预算。

在任务分工方面，需要明确每个责任人员的具体任务和职责，包括信息收集、数据分析、方案制定、报告编制、审批汇总等工作，确保预算编制工作顺利进行。

制订预算编制计划后，高校财务工作人员就可以按照计划逐步开展预算编制工作，确保预算编制的及时性和准确性。

2. 收集和分析相关信息

（1）收集高校各项收支数据和财务信息

为了制定有效的预算方案，高校财务部门首先需要收集和整理高校各项收支数据及其他财务信息。这些信息包括但不限于：

高校历年的财务报表：包括资产负债表、利润表和现金流量表等。

各项收入来源：例如，学费收入、政府拨款、科研项目资金等。

各项支出项目：例如，教职员工工资、教学设备采购、科研经费支出等。

高校资产和负债情况：包括固定资产、债务等。

通过对这些数据的收集和整理全面了解高校财务状况，为后续的预算制定提供依据。

（2）分析历史数据和趋势，确定预算依据和指标

高校财务部门在收集了相关数据后，需要对历史数据进行分析，并根据数据的趋势和变化情况来确定预算的依据和指标。这个过程包括以下步骤：

对历年财务数据进行横向比较：比较不同年份的收入、支出等数据，分析其变化趋势。

对历年财务数据进行纵向比较：比较不同项目在各个年份的变化情况，分析其增长率和波动情况。

针对各项收支数据的分析：例如，分析学费收入的增长情况、人员支出的变化趋势等。

3. 制定预算方案和目标

（1）设定高校财务预算的总体目标

高校财务部门在分析了历史数据和趋势后，需要根据高校的发展需求和财务状况，设定财务预算的总体目标。这个过程需要考虑以下因素：

高校发展规划：根据高校的发展规划和战略目标，确定财务预算的总体方向和重点。

财务状况分析：综合考虑高校的收支情况、资产负债状况等，设定合理的财

务预算目标和指标。

外部环境因素：考虑外部环境的变化和影响，如经济形势、政策调整等，制定灵活适用的预算方案。

（2）制定各项收支预算的具体方案和计划

高校财务部门在确定了总体目标后，需要制定各项收支预算的具体方案和计划。这个过程包括以下步骤：

设定收入预算：根据各项收入来源和预期增长率，制订年度收入预算计划。

制定支出预算：根据各项支出项目和预期需求，制订年度支出预算计划，包括人员支出、设备采购、科研经费等。

考虑预算调整和应急措施：考虑预算执行过程中可能发生的变化和出现的不确定性因素，制定相应的预算调整和应急措施，保证预算的灵活性和有效性。

合理的预算方案和目标，可以为高校财务管理提供明确的指导和规划，促进财务工作的有序开展和持续发展。

（二）财务预算编制的常用方法和技术

财务预算编制是组织制订财务计划、管理资源和预测未来的重要工具。财务预算编制的常用方法和技术包括预测方法与技术、预算编制技术及预算编制软件及工具。

1. 财务预算编制方法概述

（1）财务预算编制的基本概念和流程

财务预算编制是指根据企业的经营目标和发展战略，通过对各项收入、支出、资金等方面的预测和计划，制订一套合理的财务预算方案。其基本流程包括确定预算目标、收集资料、制定预算方案、审核和调整、最终确认和实施。

（2）财务预算编制方法的重要性和作用

财务预算编制方法的选择对于企业的经营管理具有重要意义。合理的预算编制方法能够帮助企业更好地掌握财务状况、优化资源配置、提高经营效率，从而实现经营目标并保持竞争优势。

2. 预测方法与技术

（1）趋势分析

趋势分析是基于历史数据，通过对过去一段时间内的发展趋势进行分析和推演，从而预测未来的发展趋势。常用的方法包括线性趋势分析、曲线趋势分析等。

（2）回归分析

回归分析是通过建立数学模型，分析影响预算变量的各种因素之间的关系，进而预测未来的预算数据。常用的方法包括简单线性回归分析、多元线性回归分析等。

（3）时间序列分析

时间序列分析是根据历史数据的时间序列特征，运用统计方法对未来的财务数据进行预测。常用的方法包括移动平均法、指数平滑法、季节性分解法等。

3.预算编制技术

（1）自下而上预算

自下而上预算是指由各个部门或项目单位根据自身情况编制预算，然后逐级上报至上级部门进行整合和审核的预算编制方法。该方法能够充分调动各级单位的积极性，增强预算的可操作性和准确性。

（2）零基预算

零基预算是一种从零开始、每一项预算都需重新评估和审查的预算编制方法。与传统的历史预算相比，零基预算更加注重效益和效率，能够帮助企业优化资源配置、提高管理效率。

（3）活动基准成本法

活动基准成本法是一种基于活动的成本核算方法，通过识别和分析企业各项活动的成本构成，确定各项活动的成本基准，并据此制定预算。该方法能够更准确地把握成本构成和变动规律，为高校的经营决策提供更有效的参考依据。

4.预算编制软件及工具

（1）财务软件

财务软件是企业财务管理的重要工具，常用的财务软件包括 SAP、Oracle Financials、用友财务软件等，这些软件提供了财务预算编制、执行、监控等功能模块，能够帮助企业实现财务管理的信息化和自动化。

（2）电子表格软件

电子表格软件如 Microsoft Excel、Google Sheets 等，是企业财务预算编制的常用工具。这些软件提供了灵活的数据处理和分析功能，能够帮助企业快速编制和调整预算方案。

（3）预算管理软件

预算管理软件如 Hyperion Planning、Anaplan 等，是专门用于企业预算管理的软件工具，提供了预算编制、审批、执行、监控等一系列功能，能够帮助企业实现全面的预算管理和控制。

三、高校财务预算执行与监督

（一）财务预算执行的关键环节和要点

财务预算的执行是高校财务管理的重要环节，直接关系高校财务目标的实现和资源的有效利用。财务预算执行过程包括两关键环节和要点。

1. 预算执行的组织与管理

（1）确定预算执行的责任人员和组织结构

明确预算执行的责任主体，包括财务部门、各部门负责人等。

制定预算执行的组织结构，明确各级责任人员的职责和权限。

（2）建立预算执行的管理制度和流程

设计预算执行的管理制度，明确预算编制、审核、执行的流程和标准。

制定预算执行的工作程序和规范，确保预算执行的有序进行。

2. 预算执行的措施和方法

（1）预算执行的具体措施和操作方法

制订详细的预算执行计划：设定明确的预算执行时间表和目标，确保各项预算任务按时完成；将预算分解为具体的项目和活动，为预算执行提供清晰的指导和依据。

建立科学的预算执行制度和流程：制定预算执行的管理规定和制度，明确各环节的责任和权限；设立预算执行的审批和监督机制，确保预算执行过程的合规性和透明度。

加强预算执行的信息化建设：建立财务预算执行的信息化管理系统，实现预算数据的集中管理和实时监控；利用信息技术提升预算执行的效率和精度，减少人为误差和延误。

加强对预算执行过程的跟踪和监督：定期对预算执行情况进行跟踪和分析，及时发现问题并采取措施；建立预警机制，对预算执行中可能存在的风险和问题进行预警和应对。

加强预算执行的沟通和协调：加强各部门之间的沟通和协调，确保预算执行目标的统一和一致性；建立跨部门、跨层级的沟通机制，促进信息共享和协同合作。

（2）加强预算执行的监督和督导工作

为了确保高校财务预算的有效执行，需要加强预算执行的监督和督导工作，具体方法包括：

建立健全的监督机制：设立专门的监督机构或部门，负责对预算执行情况进行监督和评估；制定监督规定和程序，明确监督责任和权限，确保监督工作的有效开展。

定期进行预算执行检查和评估：设立定期的预算执行检查机制，对各项预算执行情况进行全面审核和评估；根据检查结果，及时发现问题和不足，提出改进措施和建议。

加强对预算执行人员的培训和指导：组织预算执行人员进行专业培训，提升其预算执行能力和水平；提供必要的指导和支持，解决预算执行过程中遇到的问题和困难。

建立预算执行的激励和约束机制：对预算执行情况实行奖惩制度，激励执行良好的单位和个人，约束违规行为；充分发挥奖惩机制的作用，提高预算执行的自觉性和积极性。

加强预算执行的信息公开和问责：向社会公开预算执行情况和结果，接受社会监督和评价；建立问责制度，对预算执行不达标或存在问题的单位和个人进行问责处理。

以上措施和方法的实施，可以加强对高校财务预算执行的监督和督导工作，确保预算的有效执行和财务目标的实现。

（二）财务预算执行过程中的问题和挑战

在财务预算执行过程中，常常会面临各种困难和挑战，这些问题会影响预算的执行效果和绩效。以下是预算执行过程中的问题及相应的解决方法。

1. 预算执行中的困难与挑战

（1）预算执行过程中的困难和问题

资金不足或超支：执行预算过程中可能会出现资金不足或者某些支出超出预算的情况，这会导致部门或项目无法按时完成任务或目标。

预算分配不合理：预算分配不合理会导致某些项目或部门无法获得足够的资金支持，影响其正常运作或发展。

执行人员不到位：缺乏执行人员或者执行人员素质不高会导致预算执行的延误或者不到位。

内部流程问题：预算执行过程中存在的内部流程不畅、审批流程复杂等问题，会导致执行效率低下。

外部环境变化：经济、政策、市场等外部环境的变化会对预算执行产生不利影响，需要及时应对。

（2）困难和问题对于预算执行的影响及应对措施

预算执行过程中可能出现的困难和问题会影响资金使用计划的执行及部门或项目的运作。资金不足或超支会导致执行计划的调整，需要及时对预算进行重新调整，优化资金使用计划，确保资金的合理利用。而预算分配不合理则会影响部门或项目的正常运作，需要根据实际情况对预算进行重新调整，合理分配资源。

对此，可采取以下应对措施：

提高执行效率：加强执行人员的培训和管理，提高其执行能力和效率，确保预算执行的顺利进行。

优化内部流程：对预算执行过程中存在的内部流程问题进行优化和改进，简化审批流程，提高执行效率。

灵活应对外部变化：针对外部环境变化，及时调整预算执行策略和计划，确保预算执行的顺利进行。

2. 预算执行效果的评估与调整

（1）评估预算执行的效果和绩效

预算执行效果的评估是保障预算执行效率和效果的重要手段，可以通过以下方式进行评估：

财务数据分析：对预算执行过程中的财务数据进行分析，比对实际执行情况和预算计划，评估预算执行的效果。

绩效评价：制定绩效评价指标，对预算执行的效果进行定量和定性评价，全面了解各项指标的完成情况和绩效表现。

问卷调查和访谈：向相关部门和人员发放问卷或进行访谈，了解他们对预算执行情况的评价和意见，从而得到更全面的反馈。

（2）根据评估结果，及时调整和优化预算执行策略

根据评估结果，及时调整和优化预算执行策略，包括但不限于以下方面：

修订预算计划：根据评估结果对原有预算计划进行修订，调整预算分配和执行计划，确保与实际情况相适应。

优化资源配置：根据评估结果重新评估资源配置情况，优化资源配置方案，确保资源的合理利用和配置。

加强监督管理：加强对预算执行过程的监督和管理，建立健全监督机制，及时发现和解决问题，确保预算的顺利执行。

通过以上措施，高校可以更加有效地应对预算执行过程中可能遇到的问题和挑战，提高预算执行效果和绩效水平。

第三节　C高校财务预算控制案例研究

一、C高校财务预算控制现状及存在问题

（一）C高校财务预算控制现状

1. 财务预算控制的组织结构

在C高校，财务预算管理的主要责任由计划财务处负责，各院系、部门则参与预算编制和执行过程。学校实行党委领导下的院长负责制，财务预算工作采用"统一领导、分级管理"体制。以下是财务预算控制的具体组织结构：

院党委领导小组：院党委领导小组由各院系、部门的行政负责人组成，直接对院长负责。负责对财务预算审核与监督，最终由院党委审批。

计划财务处：计划财务处作为财务预算控制的责任部门，负责财务预算的编制、执行与控制等工作，对财务预算执行情况进行监督和反馈。

此外，各二级院系、职能部门也设有会计人员，负责日常报账和预算指标的执行情况核对。

2. 财务预算控制模式

C高校财务预算控制采用"统一领导、集中管理"体制，主要包括以下流程和程序：

预算执行流程：由院长领导下实施编制、执行与控制全过程，财务预算由计划财务处上报审核，最终由院长审批实施。

财务预算编制程序：按照《中华人民共和国预算法》的法定程序进行编制，包括各部门调查研究、编制初步预算方案、报送至上级主管部门审批等步骤。

3. 财务预算编制内容

C高校财务预算主要包括收入与支出两种预算，其中，收入预算包括政府财政拨款、事业收入、经营收入等；支出预算包括基本支出和项目支出等。该校政府财政拨款占总收入的比例较高。

4. 财务预算的执行与控制

计划财务处负责执行预算控制方案，将财务预算按照条线结合、条为主的模式分解到各部门，监督预算执行情况，并及时反馈。院领导负责各自职责范围内的预算执行情况，保障预算的有效执行。在该校财务预算控制方面，虽然存在一定的组织结构和程序，但也面临一些问题。部门之间存在博弈和资源争夺现象，部分二级单位对预算的调整和分配抵触情绪较大，导致资源浪费和效率低下。因此，C高校需要加强对预算执行的监督和调控，优化资源分配，提高预算执行效率。

（二）C高校财务预算存在问题的分析

C高校财务预算控制存在四个问题。

1. 财务预算内部控制环境较差

组织体系不完善，财务工作由副院长兼管，缺乏专业人员统筹管理；缺乏民主决策和监督机制，重大项目决策由院领导负责，缺乏实质性的监督参与；员工能力不足，招聘方式不合理，导致部分岗位人员能力低下，影响财务预算控制效果。

2. 财务预算编制缺乏准确性和科学性

预算范围不全面，部分收入和支出未被纳入预算范围，影响财务预算的准确性；预算编制方法不科学，采用的增量预算法操作简便，但缺乏公平性和效率性，导致资源浪费和供求矛盾。

3. 财务预算执行与控制效果欠佳

预算下达时间滞后，导致无法进行有效的预算控制；预算项目随意追加现象严重，缺乏对预算的严格执行；缺乏对预留机动经费使用的约束力，部分部门存在预算超支和突击花钱现象。

4. 财务预算控制缺乏有效的评价与激励机制

缺乏细致的绩效考评办法，预算绩效评价不合理；缺乏激励机制，导致财务预算工作缺乏实效，绩效好的得不到奖励，绩效差的未受到惩罚。

综上所述，C高校在财务预算控制方面存在组织体系不完善、编制方法不科学、执行效果欠佳、评价与激励机制不完善等问题，需要从体制机制、管理方法、人才培养等方面进行综合改革和完善。

二、C高校财务预算控制的优化措施

（一）优化财务预算内部控制环境

1. 树立新的财务预算控制观念

强调全员参与的重要性，让每个人都参与到财务预算控制过程中，以形成良好的氛围；细化学校的战略目标，并责任细分到各二级单位，以激发每个人的成本投入与效益产出的绩效意识。

2. 完善财务预算与控制组织体系

设立预算管理委员会作为最高决策机构，负责审批和监督财务预算相关事宜；建立预算管理办公室负责具体的预算编制、审核和管理工作。

3. 建立总会计师体制

设立总会计师岗位，专门负责学校的财务管理工作，打破传统的财务管理体制，实现全面的财务管理；总会计师可以实现对各部门财务的平衡和监督，确保资源的有效利用。

（二）构建绩效预算编制体系

确立绩效预算的编制流程，包括制订目标计划、编制经费预算、进行绩效评估等步骤；推行零基预算法，改变传统的增减量预算法，实现财务预算的精细化管理和优化。

（三）加强预算执行的约束性控制

1. 强化审计监督约束

审计部门应定期对 C 高校预算控制目标责任的实施效果进行全方位跟踪审计，包括各二级单位的财务收支情况和预算控制效果等；将监督的经济指标与各预算责任主体的主要负责人在任期内经济责任审计相挂钩，以增强监督力度和调动积极性。

2. 加强预算执行监控力度

建立有效的内部责任制度和完善的预算控制组织结构，确保支出预算依规按章实施，不得随意调整与更改；领导要率先维护学校预算控制的权威，严格按照相关规定办理业务，坚决杜绝任何无预算、超预算的列支情况。

3. 严格会计核算控制

将经费支出控制作为预算支出管理的重要内容，对经费使用进行严格控制，防止营私舞弊，杜绝违规列支项目；加强会计核算控制与监督，确保经费支出符合国家统一规定，严格控制内部往来借款，不得长期挂账。

（四）推行财务预算控制信息化

建立基于计算机系统的预算控制信息化网络，实现预算的申请、分配、执行、控制、监督、分析全过程的系统化管理；实现财务管理系统与预算控制信息化的无缝对接，提高管理工作效率和财务信息质量，增强财务预算控制全过程的透明度与公开程度。

（五）完善财务预算评价控制

上述内容主要涉及优化高校财务预算控制的措施，包括设立财务预算绩效评价指标体系、加强对财务预算的控制分析、建立预算绩效奖励机制。下面对这些措施进行总结。

1. 设立财务预算绩效评价指标体系

根据绩效预算管理理论，建立了符合高校实际情况的预算管理绩效评价指标体系。

采用平衡计分卡和关键绩效指标评价相结合的方法，评价资源配置效率和办学效益两个方面。

选取关键的绩效指标，如教学设备使用率、科研成果获奖率等，对预算资金投入绩效进行量化评价。

2.加强对财务预算的控制分析

运用因素分析法、比较分析法、差额分析法等多种方法进行预算分析，提高准确度。

通过对收入和支出的分析，及时发现预算执行中存在的问题和弊端，采取相应的补救措施。

3.建立预算绩效奖励机制

设立年度预算绩效评价，根据各单位的绩效考核结果划分优劣等级，并将其作为下一年度预算经费分配的依据。

将教职工的收入与所在部门的绩效评价结果挂钩，提高员工的积极性和参与意识。

总体来讲，这些措施有助于C高校建立科学、有效的财务预算管理体系，提高C高校的资源利用效率和办学效益，促进学校的健康运营和持续发展。同时，通过对预算执行的严格控制和分析，C高校可以及时发现问题并采取措施加以解决，确保预算的有效执行。

第四章 高校财务风险管理

第一节 高校财务风险管理的理论基础

一、高校财务风险管理的理论基础

(一) 财务风险管理概述

1. 财务风险的概念

财务风险是指在高校财务管理活动中可能发生的不确定性事件,对高校财务状况和财务目标的实现产生负面影响的概率。在高校财务管理中,财务风险主要体现在资产、负债、收入和支出等方面,包括但不限于投资风险、融资风险、经营风险、市场风险、信用风险等。

2. 财务风险管理的基本原理

财务风险管理的基本原理是通过识别、评估、控制和应对各种财务风险,降低或规避风险对高校财务安全和经营目标的影响,确保高校财务管理活动的稳健运行,以实现保障财务安全、提高财务绩效、增强风险应对能力和维护高校声誉的目标。

(二) 财务风险管理理论框架

1. 风险识别与评估理论

(1) 财务风险识别和评估的理论基础

风险识别和评估是财务风险管理的重要环节,其理论基础包括多种方法和模型。

风险识别方法:包括定性和定量两种方法。定性方法主要依靠专家判断、经验总结、SWOT 分析等方式，识别出可能存在的风险因素；定量方法则通过统计分析、数学建模等方式，对风险因素进行量化分析，确定其可能带来的损失程度和概率。

风险评估模型：常用的风险评估模型包括事件树分析、失效模式与影响分析（FMEA）、蒙特卡罗模拟等。这些模型通过系统性分析和建模，对各种风险因素进行全面评估，帮助高校准确识别和量化各类财务风险。

（2）财务风险识别与评估在高校财务管理中的应用

在高校财务管理中，风险识别与评估是财务风险管理的重要环节，具体应用如下：

高校可以通过风险识别方法，如 SWOT 分析、专家访谈等，全面了解外部市场、政策、经济等方面的风险因素，以及内部运营、管理等方面的潜在风险，做好后续风险管理工作。

在风险评估阶段，高校可以运用各种评估模型，对已识别的风险因素进行细致分析和量化评估，确定风险的概率、影响程度和优先级，有利于制定针对性的风险管理策略和措施。

高校还可以结合实际情况，开展风险识别与评估专题研讨会等活动，吸纳各方意见和建议，形成多维度的风险评估结果，提高风险管理的科学性和准确性。

综上所述，风险识别与评估理论为高校财务风险管理提供了重要的理论支撑和方法指导。通过科学合理地运用风险识别和评估理论，高校可以更加全面、准确地了解财务风险，制定有效的风险管理策略和措施。

2. 风险控制与应对理论

（1）财务风险控制和应对的理论基础

财务风险控制和应对的理论基础主要包括各种风险管理策略，如风险规避、风险转移、风险减轻、风险接受等。

风险规避：风险规避是指通过调整业务活动或采取措施，避免或减少可能导致风险发生的行为，以降低风险的发生概率或影响程度。例如，高校可以选择不涉足高风险投资或业务领域，避免可能导致财务损失的风险。

风险转移：风险转移是指将风险责任或损失转移到其他主体或机构的行为，

以减轻自身承担风险的压力。例如,高校可以购买保险产品,将部分风险转移给保险公司,减少自身财务损失的风险。

风险减轻:风险减轻是指通过采取措施或利用工具,降低风险发生的可能概率或影响程度。例如,高校可以建立健全内部控制体系和管理制度,加强风险监控和预警,及时发现和应对潜在风险。

风险接受:风险接受是指高校认识到存在风险并且愿意承担相应损失的行为。在某些情况下,高校可能无法完全规避或转移风险,只能接受风险的存在并采取相应措施进行管理和控制。

(2)不同风险管理策略的适用性和效果

不同的风险管理策略适用于不同类型和程度的财务风险,并且具有各自的优缺点和效果。

风险规避适用于高风险、高损失的情况,可以有效地降低风险的发生概率和影响程度,但可能会限制高校的发展空间和盈利能力。

风险转移可以减轻高校的风险压力,降低财务损失的风险,但需要支付一定的保险费用,并且并不能完全消除风险。

风险减轻是一种综合性的风险管理策略,可以通过内部控制、风险监控、业务多元化等手段,有效地降低风险的发生概率和影响程度。

风险接受适用于风险程度较低、财务损失可控的情况,可以避免过度消耗资源和时间,集中精力应对更重要的风险。

综上所述,不同的风险管理策略具有不同的适用性和效果,高校在实际操作中需要根据自身的财务状况、风险偏好和管理能力,综合考虑各种因素,选择合适的风险管理策略,并加以灵活运用,以实现财务风险的有效控制和应对。

(三)高校财务风险管理的重要性

1.高校财务风险管理的背景和动机

(1)高校财务风险管理的背景和发展

高校财务风险管理的背景主要包括两方面因素:一是高校财务管理环境的复杂性和不确定性增强,包括外部经济、政策、市场等因素的变化,以及高校自身规模和运营特点的多样性;二是高校财务风险管理理念和方法的不断发展与完善，推动了高校财务风险管理的深入开展。随着经济全球化、市场化进程的加快，高校财务管理面临更加复杂多变的外部环境，财务风险管理成为保障高校财务安全和稳健经营的重要手段。

（2）当前高校面临的财务风险问题及其影响

当前，高校面临着多方面的财务风险问题，主要包括：市场竞争压力加大，高校招生规模和质量面临挑战；经费来源单一，财政拨款不足，高校财务压力增大；投资收益不稳定，资金运作风险增加；债务压力加大，融资成本上升；内部管理和监督不力，财务风险管控不到位，等等。这些财务风险问题如果得不到有效管理和控制，将对高校财务状况和经营活动产生负面影响，甚至威胁高校的正常运行和发展。

2. 高校财务风险管理的意义和价值

（1）高校财务风险管理对于高校可持续发展的重要性

高校财务风险管理对于高校的可持续发展具有重要意义。有效的财务风险管理可以降低财务的不确定性，保障高校财务安全，提高财务管理的科学性和规范性，为高校的长期发展提供稳定的财务保障。

（2）高校财务风险管理的价值和意义

稳定财务状况：财务风险管理有助于降低高校面临的各类财务风险，保障财务状况的稳定和健康，提高高校的抗风险能力。

提升声誉：有效的财务风险管理可以提高高校的声誉和形象，增强社会信任度，为高校的品牌建设和发展提供有力支撑。

促进合作与发展：通过财务风险管理，高校可以更好地保障合作伙伴的利益，增强与各方的合作信心，促进合作与发展。

提高竞争力：稳健的财务管理和有效的风险控制可以提高高校的竞争力，吸引更多优秀师生和资源，推动高校可持续发展。

综上所述，高校财务风险管理的重要性体现在其背景和动机、当前面临的问题及其影响，以及对高校可持续发展的意义和价值等方面。只有加强财务风险管理，高校才能有效应对外部环境的不确定性和变化，保障高校的财务安全和稳健经营。

二、高校财务风险管理的概念和重要性

（一）高校财务风险管理的定义和内涵

1. 高校财务风险管理的具体含义和范畴

财务风险管理是指高校在经营活动中所面临的各种财务风险，通过识别、评估、控制和应对这些风险的一系列组织管理活动。具体来说，财务风险管理包括对高校财务活动可能面临的各种风险的全面分析和评估，确定风险承受能力，设计和实施相应的风险管理策略和措施，最大限度地降低或规避风险对高校财务安全和稳健经营的影响，确保高校财务目标的实现。

2. 高校财务风险管理所涵盖的不同方面和要素

财务风险管理涵盖了多个方面和要素，主要包括六个方面。

市场风险：市场风险是指由于市场波动导致的资产价格变动而产生的风险。对于高校来说，市场风险包括股票、债券和其他投资资产的价格波动对其投资收益和资产净值的影响。

信用风险：信用风险是指因合作方或债务人无法按时或按约定偿还债务而导致的损失风险。在高校财务管理中，信用风险来自学生的学费欠缴、合作伙伴的违约等情况。

流动性风险：流动性风险是指高校资产无法及时变现或无法按照预期价格变现的风险。如果高校遇到流动性风险，则无法满足日常运营资金需求，导致财务困境。

利率风险：利率风险是指利率变动对高校财务状况和经营业绩产生的影响。高校面临的利率风险包括贷款利率、投资收益率等方面的波动带来的风险。

汇率风险：汇率风险是指由于外汇汇率波动而导致的资产价值变动或交易成本增加的风险。对于高校来说，如果其涉及跨境交易或国际合作项目，就可能面临汇率风险。

操作风险：操作风险是指由于内部流程、系统或人为失误而导致的损失风险。高校面临的操作风险包括内部控制不力、财务管理系统缺陷等方面的问题。

综上所述，财务风险管理包括市场风险、信用风险、流动性风险、利率风

险、汇率风险和操作风险等多个方面，需要高校综合考虑并制定相应的管理策略和措施来应对这些风险，确保财务安全和稳健经营。

（二）高校财务风险管理在整体财务管理中的地位和作用

1. 高校财务风险管理在整体财务管理体系中的地位

高校财务风险管理是整体财务管理体系中的重要组成部分，处于核心位置。在高校的财务管理体系中，财务风险管理贯穿于财务规划、预算管理、投资管理、资金管理、会计核算等各个环节，与其他财务管理活动相互关联、相互支持，共同构成了高校财务管理的完整体系。财务风险管理的有效开展能够提高高校财务管理的科学性、系统性和规范性，确保高校财务目标的实现。

2. 财务风险管理对高校财务管理的重要性和影响

财务风险管理对高校财务管理具有重要的意义和深远影响，主要体现在四个方面。

保障财务安全：财务风险管理能够帮助高校识别和评估各种潜在的财务风险，采取相应的措施加以控制和规避，从而有效保障高校财务安全，防范各类财务风险对高校经营活动的不利影响。

提高资金利用效率：通过财务风险管理，高校能够更加科学地进行资金调配和资产配置，合理控制风险水平，降低财务成本，提高资金使用率，实现财务资源的最优配置。

增强财务灵活性：财务风险管理能够帮助高校建立灵活的财务管理机制和应对策略，及时应对外部环境变化和市场波动，调整财务运作方式，降低财务活动受外部因素影响的程度，保持财务活动的稳定性和可持续性。

提升财务管理水平：财务风险管理要求高校建立健全内部控制机制、风险管理制度和管理体系，加强对财务活动的监督和管理，推动高校财务管理水平的不断提升，为高校的长远发展奠定坚实的财务基础。

综上所述，财务风险管理在高校财务管理中具有重要的地位和作用，是保障高校财务安全、提高资金使用率、增强财务灵活性和提升财务管理水平的重要手段和途径。只有加强财务风险管理，高校才能更好地应对外部环境的不确定性和变化，确保财务管理的稳健运行和可持续发展。

第二节 高校财务风险的识别与评估

一、高校财务风险的分类和特点

（一）高校财务风险分类

在高校财务管理中，财务风险可以分为宏观风险和微观风险两类。

宏观风险：宏观风险是指受到宏观经济、政策、市场等因素影响而产生的财务风险，通常是与整体经济环境相关的风险。例如，经济周期波动、政策变化、市场供求关系变化等都属于宏观风险的范畴。对于高校来说，宏观风险会导致政府拨款减少、投资收益下降等问题。

微观风险：微观风险是指高校内部管理、运营等方面的财务风险，通常是与具体业务活动、管理制度等相关的风险。例如，学生欠费、资金管理不当、内部控制缺失等都属于微观风险的范畴。微观风险通常更具体、更局部，但也会对高校财务稳定性产生重大影响。

常见的高校财务风险主要包括以下几类：

市场风险：市场风险是指由市场因素导致的资产价格波动而产生的风险。在高校财务管理中，市场风险包括股票、债券和其他投资资产等的价格波动对投资收益和资产净值的影响。

信用风险：信用风险是指合作方或债务人无法按时或按约定偿还债务而导致的损失风险。在高校财务管理中，信用风险来自于学生的学费欠缴、合作伙伴的违约等情况。

流动性风险：流动性风险是指高校资产无法及时变现或无法按照预期价格变现的风险。如果高校遇到流动性风险，则无法满足日常运营资金需求，导致财务困境。

其他风险：除了市场风险、信用风险和流动性风险外，高校还则面临诸如利率风险、汇率风险、操作风险等其他风险。这些风险都则对高校的财务安全和稳健经营产生影响。

综上所述，高校财务风险分为宏观风险和微观风险两类，其中微观风险又包括市场风险、信用风险、流动性风险等多种类型。了解和识别这些财务风险的特点和分类对于高校财务管理的风险识别与评估工作具有重要意义。

（二）高校财务风险的主要特点和表现形式

1. 季节性波动性

高校财务收支存在周期性波动的特点。高校财务收支的季节性波动性主要表现在以下几个方面：

学费收入波动：学费是高校的主要收入来源之一，但学费收入受到学生入学和毕业的季节性影响，通常在每学年开始时出现收入高峰，而在学期结束时出现收入减少。

支出结构波动：高校的支出结构也存在季节性波动。例如，教职工工资、奖金、福利支出等可能在特定时间节点增加，如年终奖、暑假期间的工资发放等。

项目资金使用波动：高校还会涉及一些特定项目的资金使用，如科研项目、教学改革项目等，这些项目的资金使用会出现季节性波动，对高校的财务状况产生影响。

这种季节性波动性使高校在财务规划和管理中需要考虑季节性因素的影响，合理安排资金使用和支出计划，以应对不同季节的财务压力。

2. 不确定性与复杂性

高校财务运作受多方面因素影响，风险来源复杂多样。高校财务风险的不确定性和复杂性主要表现在以下几个方面：

政策法规变化：政府财政政策、高校管理政策等的变化会对高校财务运作产生重大影响，如财政拨款政策的调整、学费政策的变化等。

经济环境变化：宏观经济环境的变化会影响高校的财政收入、资金来源等，如经济周期波动、通货膨胀率变化等。

学生招生情况：高校的学生招生情况直接影响学费收入和财务状况，但受多种因素影响，如社会经济发展水平、高考政策、学校声誉等。

投资收益变化：高校进行资金投资活动，但投资收益受到市场波动、投资风险等因素的影响，可能存在较大的不确定性。

这种不确定性和复杂性使高校财务风险识别和评估工作具有一定难度，需要综合考虑多方面因素，并及时调整风险管理策略，保障高校财务安全和稳健经营。

二、高校财务风险评估模型

（一）财务风险评估的概念和意义

1. 财务风险评估的定义和目的

财务风险评估是指对高校财务活动中存在的各种风险进行全面、系统的分析和评估，以确定风险的概率、影响程度和优先级，为高校制定有效的风险管理策略和措施提供依据。其目的是帮助高校了解和识别财务风险，及时发现潜在风险点，预防和应对可能导致财务损失的风险，保障高校财务安全和稳健经营。

2. 财务风险评估在高校财务管理中的重要性和作用

财务风险评估在高校财务管理中的意义和作用具体如下：

提前预警：财务风险评估有助于高校提前发现潜在的财务风险点和问题，及时采取相应措施，避免或减少财务损失。

有效控制风险：通过对财务风险进行评估，高校可以确定各种风险的优先级和影响程度，有针对性地制定和实施风险管理策略和措施，有效控制财务风险的发生和扩大。

提升决策水平：财务风险评估为高校管理者提供了科学的数据和信息，有助于他们做出准确、明智的决策，避免盲目决策和风险偏误。

优化资源配置：通过财务风险评估，高校可以更好地了解自身的财务状况和风险点，合理配置财务资源，提高资源利用效率和经济效益。

提升声誉和信用度：通过有效的财务风险评估和管理，高校可以保障自身的财务安全和稳健经营，提升其声誉和信用度，增强对内外部利益相关者的信任和支持。

综上所述，财务风险评估在高校财务管理中具有重要意义和作用，有助于提升高校的风险管理水平，保障其财务安全和稳健发展。

（二）常用的财务风险评估模型

1. Altman Z 评分模型

Altman Z 评分模型是由纽约大学教授爱德华·阿特曼（Edward Altman）于 1968 年提出的，用于评估企业的破产概率。该模型主要基于企业的财务比率进行计算，包括资产负债率、营运资本与总资产比率、盈利能力、市场价值比率等指标。通过将这些指标进行加权组合，得出 Z 值，根据 Z 值的高低来评估企业的破产风险。一般来说，Z 值越低，企业面临的破产风险越高。

2. Merton 模型

Merton 模型是由诺贝尔经济学奖得主罗伯特·默顿（Robert C. Merton）于 1974 年提出的，主要基于资产价值与债务价值之间的关系来评估企业的破产概率。该模型假设企业的债务与资产价值之间存在一定的关系，通过对这种关系进行建模，计算企业的破产概率。Merton 模型在评估破产风险时考虑了债务和资产之间的关系，相对于传统的财务比率方法更综合和准确。

这两种模型都是常用的财务风险评估模型，它们通过不同的方式评估企业的破产概率，为企业和投资者提供了重要的风险管理工具。在高校财务管理中，高校也可以借鉴这些模型的思想和方法，结合实际情况，开展财务风险评估工作，提升财务管理水平和风险应对能力。

三、高校财务风险识别方法

（一）财务风险识别的常用方法

1. 风险登记矩阵法

风险登记矩阵法是一种常用的风险识别方法，通过绘制风险登记矩阵来识别财务风险。具体步骤包括：

制定风险登记表：确定风险识别的对象和范围，制定风险登记表，明确需要识别的财务风险类别和指标。

评估风险概率和影响程度：根据各种财务风险的发生概率和影响程度，确定风险的等级或评分，绘制风险登记矩阵。

识别潜在风险点：对高校的财务活动和运营过程进行全面分析和审查，识别可能存在的财务风险点，填写并更新风险登记矩阵。

制定应对策略：根据风险登记矩阵的结果，制定相应的应对策略和措施，加强对高风险的监控和管理，降低财务风险的发生概率和影响程度。

2. 专家咨询法

专家咨询法是一种利用专家经验和知识对财务风险进行识别和评估的方法。具体操作步骤包括：

邀请专家参与：邀请具有丰富经验和专业知识的专家参与财务风险识别工作，包括财务管理专家、风险管理专家等。

组织专家讨论会议：组织专家进行集体讨论，对高校的财务活动、管理制度、内部控制等方面进行深入分析和评估，识别可能存在的财务风险点。

获取专家意见和建议：征求专家意见和建议，了解他们对财务风险的看法和判断，结合实际情况确定财务风险的优先级和重要性。

形成综合意见：综合各位专家的意见和建议，形成对高校财务风险的综合评估和识别结果，为制定财务风险管理策略和措施提供参考。

综上所述，风险登记矩阵法和专家咨询法是常用的财务风险识别方法，它们各具特点，高校在财务管理中可以根据实际情况选择合适的方法开展财务风险识别工作。

（二）如何通过内外部环境分析、财务数据分析等手段识别高校财务风险

1. 内部环境分析

内部环境分析即对高校内部组织结构、财务制度等进行全面分析，是识别高校财务风险的重要步骤之一。具体步骤包括：

组织结构分析：了解高校的组织结构、管理层级和职责分工，确保财务管理机构设置合理、职责清晰，避免管理漏洞和风险隐患。

财务制度分析：审查高校的财务制度、内部控制程序和管理制度，评估其健全性和有效性，发现和弥补制度缺陷，防范潜在风险。

人员能力评估：评估财务管理人员的专业水平和素质，培训和提升财务人员的能力，确保财务管理工作的高效进行。

2. 外部环境分析

外部环境分析即关注政策法规、市场竞争、经济形势等因素对财务风险的影响，这有助于发现高校财务风险的外部来源和影响因素。具体步骤包括：

政策法规分析：及时了解政府相关政策、法规变化对高校财务管理的影响，调整财务管理策略和措施，避免违规风险。

市场竞争分析：分析高校所处的市场竞争环境，了解同行竞争情况、市场需求变化等因素，制定差异化发展战略，规避市场风险。

经济形势分析：关注宏观经济形势和行业发展趋势，预测经济周期变化、通货膨胀风险等因素对高校财务状况的影响，做好财务风险的应对准备。

3. 财务数据分析

财务数据分析即通过对财务数据进行横向和纵向比较发现潜在风险点，是识别高校财务风险的重要手段之一。具体步骤包括：

横向比较：对比不同时间段的财务数据，如年度、季度、月度等，发现财务数据的变化趋势和异常情况，及时识别潜在风险点。

纵向比较：对比同一时间段内不同项目或部门的财务数据，发现财务数据之间的关联性和差异性，找出可能存在的问题和风险隐患。

指标分析：通过财务指标分析，如流动比率、偿债能力比率、资金运营效率等，评估高校财务状况的稳定性和健康度，发现潜在的财务风险。

综上所述，通过内外部环境分析和财务数据分析等手段，高校可以全面了解财务风险的来源和影响因素，及时发现潜在风险，采取有效措施加以应对和管理。

第三节　高校财务风险管理实践案例分析

一、D高校财务管理现状及风险识别

从经费收支情况来看，D高校的主要收入来源于学生学费，随着经济水平的提高，学费收费标准上涨，但学费回收的及时性仍有待提高。同时，该校为了扩大规模进行新校区建设，依赖银行贷款，但存在资金使用率低、债务管理混乱等问题。

预算管理方面，尽管 D 高校在预算编制、执行监督和结算方面有一定的规定和流程，但存在财务人员工作量大、错计漏计等问题，预算管理效率有待提高。

在资产管理方面，D 高校资产结构以固定资产为主，但存在投资项目认识不足、管理混乱等问题，影响了资产的有效管理和使用。

针对以上问题，本例对 D 高校的财务风险进行了识别。在筹资方面，存在筹资能力较弱、资金预算缺口等风险；在投资方面，存在投资项目认识不足、管理混乱等风险；在运营方面，存在生源不足、收入低于成本等风险；在发展方面，存在竞争压力大、资本积累率低等风险。

二、D高校财务风险成因分析

在筹资方面，筹资渠道单一和贷款融资压力大是主要问题。学费收入是主要筹资来源，而过度依赖学费收入会使 D 高校的财务风险更加脆弱。另外，大额的贷款压力也增加了财务压力，特别是在新校区建设等大项目上。

在投资方面，投资决策不科学和监管不到位是主要问题。缺乏全面的可行性分析和专业的投资决策论证导致投资效益的不确定性，而投资监管不到位则可能导致资金的滥用和浪费。

在运营方面，预算管理不科学、内部控制薄弱和财务人员能力不足是主要问题。预算管理的不足导致财务不稳定，而内部控制的薄弱则增加了财务管理的风险。此外，财务人员的能力不足也限制了财务管理效率和准确性。

在发展方面，办学特色不明显和学费收入不足是主要问题。缺乏明确的办学特色使 D 高校在教育市场中缺乏竞争力，而学费收入的不足则使该校难以维持日常运营。

综上所述，D 高校面临多方面的财务风险，这些风险会影响学校的管理和发展。

三、D高校财务风险管理对策分析

笔者对 D 高校财务风险评价的具体指标和历年得分情况进行分析，指出了财务风险在过去几年逐渐加剧的趋势，尤其是 2019 年的得分明显下降，这表明财务风险情况恶化。然而，2020年财务风险等级由重变中，这表明在一定程度上开始好转，但仍然需要警惕中度的财务风险，并提出了一系列针对筹资、投资、运营和发展等方面的管理对策，以增强D高校的财务风险管理水平。

在筹资风险管理方面，D高校拓宽融资渠道，提高自身声誉获得社会捐赠，同时制订科学的贷款融资计划，控制贷款金额，优化贷款结构，加强对贷款使用的监管。

在投资风险管理方面，构建系统的投资决策程序，加强投资过程监管，确保投资项目落实，及时发现和解决问题，提高财务人员的业务能力，加强对财务数据的分析和监管。

在运营风险管理方面，提升预算管理水平，完善内部控制体系建设，建立评价体系，保障决策的有效性，同时加强学费回收责任制，采取措施确保学费按时交纳，以维护学校的财务稳定。

在发展风险管理方面，增强办学特色水平，加强教师队伍建设，提高教师专业水平，同时加强对学费管理，建立催缴政策，确保学费的按时收缴。

四、案例启示与总结

在上述案例中，对D高校的财务风险管理进行深入分析，经验教训和启示可以总结如下。

充分了解财务状况的重要性：对于高校而言，充分了解自身的财务状况至关重要。通过对历年财务数据的分析和评价，可以更准确地把握高校的财务状况，及时发现问题并采取措施加以解决。

多样化筹资渠道的必要性：高校的资金来源主要为学费收入，但过于依赖学费收入会导致资金短缺，影响教学质量。因此，拓宽融资渠道，如通过社会捐赠、建立基金会等方式，可以为高校提供更多的资金来源，增强财务稳定性。

科学的贷款融资计划的重要性：若需要进行贷款融资，必须制订科学的贷款计划，控制贷款金额，并合理安排还款计划，避免因负债过高增加财务风险。

加强投资决策程序和监管：对于投资决策，需要建立规范、科学的程序，避免盲目投资行为。同时，加强对投资过程的监管，确保投资项目按计划实施，及时发现和解决问题，降低财务风险。

强化预算管理和内部控制体系：预算管理是保障财务稳定的重要手段，应建立科学的预算编制和执行程序，并加强对预算执行情况的监督和考核。同时，完善内部控制体系，确保财务活动的规范性和透明度，降低财务风险。

提高财务人员的业务能力：财务人员的业务能力直接影响财务管理的效率和质量，应加强对财务人员的培训和学习机会，提高其专业水平和工作能力。

发展办学特色和提高学校知名度：加强学校的办学特色建设，提高教学质量和师资水平，可以吸引更多学生报考，增加学费收入，提升财务稳定性。

基于上述经验教训和启示，本文提出以下改进建议：

探索多元化的财务管理手段，如资产证券化、合作办学、产业投资等，以提高资金使用率和财务稳健性。

建立健全财务风险预警机制，及时发现和解决潜在的财务风险，减小不良影响。

加强信息化建设，建立完善的财务数据管理系统，提高数据分析和应用能力，为财务决策提供科学依据。

加强内部监督和审计工作，建立健全的内部控制体系，预防和化解财务风险。

积极与社会各界建立良好的合作关系，扩大资金来源，增强财务稳定性和可持续发展能力。

持续优化管理机制，加强组织协调和沟通，形成高效的管理团队，提升管理水平和应变能力。

综上所述，通过全面提升财务管理水平和措施的实施，高校可以更好地应对财务风险，保障学校的稳健发展。

第五章 高校财务与社会责任

第一节 高校财务与社会责任的内在联系

高校财务作为高校运行的重要支撑,直接关系高校的发展和持续运营。与此同时,高校作为社会的重要组成部分,其承担着培养人才、推动科技创新、传承文化等多方面的社会责任。因此,高校财务与社会责任之间存在密切的内在联系。

首先,高校财务在社会责任中扮演资金支持和资源配置的角色。高校需要资金来开展教学科研、改善教学条件、提升师资水平等工作,而这些资金主要来源于财务收入和资金投入。通过合理的财务管理和资源配置,高校能够更好地履行社会责任,为教育事业的发展提供有力支撑。

其次,高校财务在社会责任中具有示范和引领作用。作为社会的一部分,高校不仅要培养学生的专业知识和技能,更要培养他们的社会责任感和公民意识。而高校自身的财务管理和资源利用情况则成为学生和社会的榜样和标杆。通过规范、透明、高效的财务管理,高校可以树立良好的形象,引导学生和社会各界关注财务责任和社会责任。

一、高校财务在社会责任中的作用及其意义

(一)高校财务与社会责任的内在联系

在当今社会,高校作为教育和知识的重要场所,承担着培养人才、推动科技创新、促进社会发展的重要责任。高校的财务管理则是支撑和保障这些责任顺利履行的关键之一。因此,高校财务与社会责任之间存在紧密的内在联系。

1. 高校财务与社会责任的内在关联性和相互影响

高校财务与社会责任之间存在内在的关联性和相互影响。首先，高校财务的良好管理能力直接影响高校履行社会责任的效果和效率。例如，通过科学合理的财务预算和资金调配，高校可以更好地保障教学设施的建设和维护，提高教学质量，为社会输送更多更优秀的人才。同时，高校的社会责任履行也会影响其财务状况。高校积极参与社会公益活动、扶贫济困工作等，不仅会提升其社会形象和声誉，还有助于吸引更多的社会资源和资金支持，从而对其财务状况产生积极影响。

其次，高校财务与社会责任之间的关联性还体现在资源的合理利用和分配上。高校作为公共机构，其资源主要来自于政府拨款、学费收入、科研经费等渠道。这些资源的合理利用和分配直接关系高校能否履行其教育、科研和社会服务等职责。通过有效的财务管理，高校可以最大限度地提高资源利用效率，从而更好地履行社会责任。

2. 高校财务在履行社会责任过程中的角色和功能

高校财务在履行社会责任的过程中发挥重要的角色和功能。首先，高校财务是支撑高校教育教学、科研创新等基本工作的重要保障。通过对教学设施、师资队伍、教学科研设备等方面的投入和管理，高校财务为高校提供了必要的物质基础和保障，为高校履行教育教学和科研创新责任提供了有力支持。

其次，高校财务是高校社会责任履行的重要渠道和载体。通过财务渠道，高校可以开展各种社会公益活动、科技服务和文化传承等工作，为社会提供更多更好的服务。比如，高校可以通过设立奖学金、助学金等形式，资助贫困学生接受教育；还可以通过组织科技培训、技术服务等活动，为社会提供专业的技术支持和服务。这些都是高校财务在履行社会责任过程中发挥的重要作用。

总的来说，高校财务与社会责任之间存在密切的内在联系。高校财务的良好管理能力不仅直接影响高校履行社会责任的效果和效率，还是高校资源合理利用和分配的重要保障。在履行社会责任的过程中，高校财务发挥重要的作用和功能，为高校履行社会责任提供了有力支撑和保障。因此，高校应当加强对财务管理的重视，不断提升财务管理水平，更好地履行社会责任。

(二)高校财务对于履行社会责任的重要性和影响

1. 高校财务对于履行社会责任的重要性和必要性

高校财务对于履行社会责任具有重要性和必要性,主要体现在两个方面。

首先,财务是支撑高校各项活动开展的重要保障。高校的教学、科研、社会服务等活动都需要充足的财务支持,没有稳定的财务收入和合理的资源配置,这些活动将无法顺利进行,进而影响高校履行社会责任的能力和水平。

其次,财务是评价高校社会责任履行情况的重要指标之一。一个高校的财务状况直接反映了其资源利用情况、管理效率和社会责任履行水平。只有通过规范、透明、公正的财务管理,高校才能真正实现社会责任的全面履行。

2. 高校财务对社会责任履行的影响和贡献

高校财务对于社会责任履行的影响和贡献主要表现在三个方面。

首先,高校财务能够为高校社会责任履行提供坚实的物质基础。通过合理的财务预算和资金管理,高校可以确保教学设施的完善、师资队伍的优化、科研项目的顺利开展等,从而更好地履行其教育、科研和社会服务等职能。

其次,高校财务能够为高校社会责任履行提供有效的管理支持。良好的财务管理制度和控制机制,能够有效地规范和监督高校各项活动的开展,防止资源浪费和滥用,保障社会责任的全面履行。

最后,高校财务能够为高校社会责任履行提供良好的外部形象和声誉。一所财务状况良好、管理规范、透明度高的高校,往往会受到社会各界的认可和尊重,从而为其未来的发展和社会责任的履行创造良好的外部环境。

综上所述,高校财务与社会责任之间存在密切的内在联系。高校财务不仅是支撑高校各项活动开展的重要保障,更是评价高校社会责任履行情况的关键指标之一。通过规范、透明、高效的财务管理,高校能够更好地履行其社会责任,为教育事业的发展和社会进步做出积极贡献。因此,高校应该高度重视财务管理工作,不断完善财务管理制度,提升财务管理水平,为履行社会责任和可持续发展作出更大的贡献。

二、高校财务对社会各方利益相关者的责任

（一）高校财务对内部利益相关者的责任

1. 高校内部利益相关者

在高校内部，有多个利益相关者，他们对高校的财务运作都有不同的期望和需求。以下是一些典型的内部利益相关者：

学生：学生是高校的核心利益相关者之一。他们期望高校提供优质的教育资源，包括教学设施、师资力量、课程设置等，而这些都需要财务支持。

教职员工：教师、行政人员等高校工作人员也是内部利益相关者。他们期望高校提供合理的薪酬、良好的工作环境以及发展机会。

管理层：高校领导层也是内部利益相关者，他们关注高校的长远发展和战略规划，需要财务支持来实现这些目标。

研究人员：高校的研究人员依赖于财务支持来进行科研项目和实验，因此也是内部利益相关者。

校友：曾经就读于该高校的校友也是内部利益相关者，他们通过捐赠等方式支持高校的发展，因此也关注高校的财务运作。

其他员工：高校的其他工作人员，如图书管理员、实验室技术人员等，也是内部利益相关者。

2. 高校财务在满足内部利益相关者需求方面的责任与作用

为学生提供优质教育资源：高校财务的重要职能之一是为学生提供优质的教育资源。这包括投资教学设施、实验室设备、图书馆藏书等，以及招募高水平的教师团队。

保障教职员工权益：高校财务应当为教职员工支付合理的薪酬，并提供良好的工作条件和发展机会，以吸引和留住优秀的教职员工。

支持高校管理层决策：高校管理层需要财务数据支持他们的决策制定和战略规划。因此，高校财务部门应当提供准确、及时的财务报告和预测数据，帮助管理层做出明智决策。

资助研究项目：高校财务应当支持学校的科研项目和实验室设施建设，为研究人员提供必要的资源和资金。

与校友建立联系：高校应当积极与校友建立联系，吸引他们为学校的发展作出贡献。财务部门可以通过透明的财务报告和有效的捐赠管理来增强校友的信任和参与度。

管理员工的其他福利：高校财务还应当管理员工的其他福利，包括医疗保险、福利计划等，以保障员工的权益。

总的来说，高校财务对内部利益相关者的责任是多方面的，既要确保资源的有效利用，又要满足不同利益相关者的需求，以促进高校的可持续发展和整体竞争力的提高。

（二）高校财务对外部利益相关者的责任

1. 外部利益相关者

在高校财务管理中，外部利益相关者是指对高校财务状况和运营管理具有利害关系的各方。这些外部利益相关者包括但不限于：

政府和监管机构：政府及其相关机构是高校的主要监管者和资助方，负责监督高校的财务管理、制定相关政策和法规，并为高校的运营和发展提供财政拨款。

学生家长：学生家长是高校的重要利益相关者，他们通过支付学费和其他费用来获取教育服务，关注教学质量、学费收费标准及教学资源的配置情况。

捐赠者：捐赠者对高校的发展起重要作用，他们通过捐赠、赞助等方式为高校提供资金支持，并关注高校的声誉、发展方向及资源利用情况。

企业和社会组织：企业和社会组织是高校的合作伙伴，他们通过与高校合作开展科研项目、提供实习和就业机会等方式与高校建立联系，关注高校的科研能力、人才培养质量及社会责任履行情况。

媒体和公众舆论：媒体和公众舆论是监督高校行为的重要力量，他们通过报道、评论等方式监督高校的财务管理和运营活动，关注高校的透明度、诚信度及社会形象。

2. 高校财务在满足外部利益相关者需求方面的责任与作用

高校作为公共机构，其财务管理不仅关乎学校内部的发展和运营，还直接影响外部利益相关者的利益和权益。因此，高校在满足外部利益相关者需求方面起至关重要的作用。

（1）对政府和监管机构的责任与作用

遵守法律法规：高校应当严格遵守国家相关的法律法规，如《中华人民共和国高等教育法》《中华人民共和国会计法》等，确保财务管理活动的合法合规性。

报告透明：高校应当及时向政府和监管机构报告财务状况和运营情况，提供真实、准确的财务信息，接受审计和监督，确保财务活动的透明度和公开性。

合理利用资金：高校应当合理利用政府拨款和其他资金，提高资金使用率，确保教育资源的公平分配和最大化利用。

（2）对学生家长的责任与作用

提供优质教育服务：高校应当致力于提供优质的教育服务，确保教学质量和教学资源的充足，满足学生学习和成长的需求。

合理收费标准：高校应当制定合理的学费收费标准，确保学费收费的合理性和透明度，减轻学生家长的经济负担。

加强沟通与反馈：高校应当加强与学生及其家长的沟通和反馈机制，及时解决他们的问题和困扰，提高教育服务的满意度和质量。

（3）对捐赠者的责任与作用

合理利用捐赠资金：高校应当合理利用捐赠者提供的捐赠资金，用于学科建设、科研项目和人才培养等方面，提高教育教学水平和科研创新能力。

加强关系管理：高校应当加强与捐赠者的联系和沟通，建立健全捐赠者关系管理体系，吸引更多捐赠者参与到学校的发展建设中。

（4）对企业和社会组织的责任与作用

开展合作项目：高校应当与企业和社会组织开展合作项目，共同开展科研项目、技术转移和人才培养等活动，促进产学研合作和人才交流。

提供优秀人才：高校应当培养优秀的人才，满足企业和社会组织对人才的需求，为社会经济发展提供人才支持和智力支持。

（5）对媒体和公众舆论的责任与作用

积极回应关切：高校应当积极回应媒体和公众舆论的关切与质疑，及时做出解释和回应，消除负面影响，维护高校的声誉和形象。

加强信息公开：高校应当加强财务信息的公开与透明，主动向媒体和公众披露财务状况和运营情况，提高信息公开的透明度和真实性。

综上所述，高校在满足外部利益相关者需求方面起至关重要的作用，需要积极履行自身的社会责任，加强与外部利益相关者的沟通与合作，共同促进高校的可持续发展和社会进步。

第二节 高校财务社会责任的实践路径

一、高校财务支持教育公平和可及性

在当今社会，高等教育的公平和可及性一直是备受广泛关注的问题。作为培养人才的重要基地，高校在实现教育公平和提高教育可及性方面承担重要责任。而高校的财务支持则是实现这一目标的重要手段之一。本部分将探讨高校财务在学费减免、奖助学金、助学贷款等方面的作用，并就其对提升教育公平和可及性的贡献展开讨论。

（一）高校财务在学费减免、奖助学金、助学贷款等方面的作用

1. 学费减免政策对提升教育公平的财务支持

学费减免政策是高校财务支持教育公平的重要举措之一。通过设立学费减免政策，高校可以减轻家庭经济困难学生的经济负担，从而使更多学生能够接受高等教育。这种政策通常针对家庭经济困难的学生，根据其家庭收入水平或其他条件给予一定比例的学费减免或免除。通过学费减免政策，高校可以实现财务资源的再分配，确保每名有志于学习的学生都能享有平等的受教育机会，有力地促进了教育公平的实现。

2. 奖助学金和助学贷款在提高教育可及性中的财务作用

除了学费减免政策外，奖助学金和助学贷款也是高校财务支持提高教育可及性的重要手段。奖助学金作为对优秀学生的一种奖励和资助，激励学生努力学习，帮助经济困难的学生顺利完成学业。高校通过设立各类奖学金，根据学生的学习成绩、综合素质等条件进行评定，为符合条件的学生提供经济支持，从而减轻其经济负担，提高教育的可及性。

另外，助学贷款则是一种通过向学生提供低息或无息贷款的方式来支持其完成学业的财务手段。学生通过助学贷款来支付学费和生活费等费用，完成学业后再根据自身的实际情况逐步偿还贷款。助学贷款的设立可以有效缓解学生的经济压力，帮助他们顺利完成学业，进而提高教育的可及性。

综上所述，高校财务在学费减免、奖助学金、助学贷款等方面的作用不可忽视。通过这些财务支持举措，高校有效提升了教育的公平性和可及性，促进社会的公平发展，为培养更多的人才提供有力保障。因此，高校应当不断完善相关政策和制度，加大财务支持力度，确保每名有志于学习的学生都能享有平等的受教育机会，实现教育的公平和可及性。

（二）高校财务支持教育公平和可及性的具体举措

1. 奖学金和助学金计划

奖学金和助学金计划是高校支持教育公平和可及性的重要举措之一。这些计划可以针对不同的学生群体，包括家庭经济困难的学生、学术成绩优秀的学生、特殊人群以及社会贡献突出的学生等。通过奖学金和助学金，高校可以帮助更多学生克服经济困难，获得优质的教育资源。

2. 降低学费和教材费用

高昂的学费和教材费用是阻碍一些学生接受高等教育的主要因素之一。为了支持教育的公平和可及性，高校可以通过降低学费和提供免费或低成本的教材来减轻学生的经济负担。一些高校还提供分期付款或灵活的付款安排，使学生更容易地支付学费。

3. 提供工作机会和实习机会

为学生提供工作机会和实习机会是帮助他们解决经济问题的重要途径之一。通过校内或校外的工作和实习，学生不仅可以获得一定的收入，还可以锻炼自己的专业技能，增强就业竞争力。高校可以与企业、机构和社会组织合作，为学生提供丰富多样的工作和实习机会。

4. 提供住宿和生活补助

对于远离家乡的学生来说，住宿和生活费用是重要的经济负担。为了支持这些学生，高校可以为学生提供廉价的宿舍和生活补助。一些高校还提供临时住宿和紧急资助，帮助学生解决突发的生活困难。

5. 提供心理健康辅导服务

经济问题不仅会给学生带来物质困扰，还会对他们的心理健康产生负面影响。为了帮助学生减轻经济压力，高校可以提供心理健康辅导服务，为他们提供情感支持和心理咨询。这些服务可以帮助学生调整心态，保持积极的学习状态。

6. 发挥校友资源和社会资源

校友资源和社会资源是高校支持教育公平和可及性的重要力量。高校可以通过建立校友基金会、开展校友捐赠活动等方式，筹集资金支持贫困生和优秀生。同时，高校还可以与社会组织和政府部门合作，共同推动教育公平和可及性的实践。

7. 加强管理和监督

为了确保高校财务支持教育公平和可及性的具体举措能够有效落实，需要加强相关的管理和监督工作。高校可以建立健全奖学金和助学金管理制度，规范资金使用和评审流程。同时，高校还应加强对资金使用情况的监督和审计，确保资金使用的合法合规。

高校财务支持教育公平和可及性的具体举措是一项复杂而长期的工作，需要高校、政府、社会组织和个人共同努力。只有通过多方合作，才能够为更多学生提供优质的教育资源，实现教育的公平和可及性目标。

二、高校财务支持科研创新

在当今世界，高等教育机构不仅是知识传授的场所，更是科研创新的重要基地。作为高等教育的核心组成部分，高校承担着培养人才、推动科研创新和服务社会的重要使命。在这一过程中，财务支持扮演至关重要的角色。本部分将就高校财务在科研经费投入和科研成果转化方面的作用进行深入探讨。

1. 科研经费投入对科研创新的财务支持

科研经费投入是高校支持科研创新的重要手段之一。高等教育机构通过拨款、资助、合作等方式，为科学研究提供资金支持。这些经费的投入直接影响科研活动的开展和成果的取得。

首先，科研经费的投入为科研人员提供了稳定的研究环境和资源保障。在科研活动中，需要购买实验材料、设备器材、图书资料等，这些都需要资金支持。

科研经费的投入可以保障科研人员开展研究所需的各种资源，确保他们在科研过程中能够专注于学术研究，提高科研效率。

其次，科研经费的投入可以促进科研人员的研究积极性和创新能力。科研经费的投入，意味着对科研成果的期待和认可，这会激发科研人员的研究热情和创新动力。科研人员可以利用这些经费进行前沿技术的研究和探索，开展更加深入、系统的科学研究，提升科研水平，取得更多的科研成果。

最后，科研经费的投入还可以加强高校与企业、科研院所等外部机构的合作与交流。随着科技日新月异的发展，越来越多的科研问题需要跨学科、跨领域的合作来解决。科研经费的投入可以支持高校与外部机构之间的合作项目，促进资源共享、技术交流，加速科研成果的转化和应用。

综上所述，科研经费的投入对于高校科研创新具有重要的财务支持作用。这不仅有利于提升高校的科研水平和学术声誉，也有助于推动科技进步和社会发展。

2. 财务作用在科研成果转化、促进科技进步和社会发展中的作用

科研成果转化是高校科研创新成果向实际应用转化的过程，是高校财务支持科技创新的重要体现。通过科研成果转化，高校可以将科研成果转化为实际的经济效益和社会价值，为国家经济发展和社会进步作出贡献。

首先，科研成果转化可以促进技术创新和产业升级。高校作为科研创新的主要场所，拥有丰富的科研成果和技术资源。通过技术转移、技术合作、技术转让等方式，高校可以将科研成果转化为实际的技术产品和解决方案，推动产业技术升级，促进经济发展。

其次，科研成果转化可以带动创业创新和就业增长。随着创新创业的兴起，越来越多的高校科研人员选择将自己的科研成果转化为创业项目，开展技术创新和商业化运作。这不仅促进科技成果的转化和应用，还可以创造就业机会，吸引人才留在本土，促进人才流动和知识转移。

最后，科研成果转化还可以促进产学研合作和科技成果共享。通过与企业、政府和社会组织等合作，高校可以将科研成果应用于实际生产和社会管理中，解决实际问题，满足社会需求。同时，高校还可以通过技术转移、技术授权等方式，将科研成果分享给社会，促进科技成果的共享和传播，推动科技进步和社会

发展。

综上所述，财务作用在科研成果转化、促进科技进步和社会发展中发挥重要的作用。高校通过科研成果转化，可以将科研成果转化为经济效益和社会价值，为国家经济发展和社会进步做出积极贡献。

三、高校财务投入社会公益和环境保护

（一）高校财务在支持社会公益和慈善事业中的作用

高校作为社会的重要组成部分，承担着培养人才、推动科学研究、传承文化等使命，同时也肩负着促进社会公益和慈善事业的责任。

1. 资金支持社会公益和慈善事业

高校通过向各类社会公益组织、慈善机构以及社区组织提供资金支持，直接参与到社会公益事业中。这些资金可以用于支持贫困地区的教育、医疗援助、环境保护等项目，为社会的弱势群体提供帮助和支持。

2. 倡导社会责任

高校作为社会的精英阶层和舆论引导者，具有履行社会责任的特殊影响力。通过开展公益宣传教育、举办社会公益活动等方式，高校可以引导广大师生关注社会问题，积极参与到社会公益事业中。

综上所述，高校的财务投入在支持社会公益项目和慈善事业中发挥不可替代的作用。高校积极参与社会公益事业，为社会的进步和发展作出重要贡献。

（二）环境保护投入在推动绿色发展和可持续发展中的财务支持

环境保护是全球性议题，高校作为科研、教育和社会服务的重要机构，承担着推动绿色发展和可持续发展的责任。高校的财务投入在环境保护领域发挥重要作用。

1. 科研和技术创新

高校在环境保护领域进行的科研和技术创新对于推动绿色发展和可持续发展具有重要意义。高校通过投入资金支持环境科学、生态学等相关学科的研究，探索环境问题的解决方案，提高资源利用效率，减少污染排放，推动绿色技术的创新和应用。

2. 环保设施建设与管理

高校通过投入资金建设环保设施和设备，如污水处理设施和设备、废物处理设施和设备等，加强对环境污染的治理和管理。同时，加强对校园环境的管理和保护，建设绿色校园，推动节能减排，倡导低碳生活，培养学生的环保意识和行动能力。

3. 社会宣传与教育

高校在社会舆论中扮演引导者和公众教育者角色，可以通过开展环保宣传教育活动，提高社会公众对环境保护的认识和重视程度，促进社会各界共同参与到环境保护行动中。

4. 产学研合作与科技转化

高校可以与政府、企业等合作，共同推动环境保护技术的研发和应用。通过产学研合作，将科研成果转化为生产力，推动环保产业的发展，为经济可持续发展提供支持。

总的来说，高校的财务投入在环境保护领域发挥至关重要的作用。通过科研和技术创新、环保设施建设与管理、社会宣传与教育以及产学研合作与科技转化等方式，高校积极参与到推动绿色发展和可持续发展的行动中，为建设美丽中国和美丽世界作出积极贡献。

（三）高校财务投入社会公益和环境保护的具体举措

在当今社会，高校不仅扮演知识的传授者，更扮演社会责任的承担者和推动者。高校的财务投入不仅应该关注自身的发展，也应该积极参与社会公益事业和环境保护，以回馈社会、推动可持续发展。本部分将介绍高校在这方面的具体举措，包括设立社会公益基金和实施节能减排项目两个方面。

1. 设立社会公益基金，支持社区建设和弱势群体帮扶

高校可以通过设立专项基金来支持社会公益事业。这些基金可以从学校的财政预算中专项拨款，也可以吸引社会捐赠和企业赞助。基金的设立需要明确的管理机构和资金使用规则，以确保资金的合理利用和透明公开。同时，高校可以积极争取政府支持，建立相关政策和法规，为基金的设立和运作提供法律保障。

社会公益基金可以用于支持周边社区的建设和发展。高校可以与社区合作，共同开展各类社会服务项目，包括教育、文化、医疗、环境等方面。例如，为贫

困地区的学校提供教育资源支持，改善教学条件；为社区居民提供医疗健康服务，提高健康水平；组织文化活动，丰富居民的精神生活。这些举措可以促进社区的全面发展，提高居民的生活质量。

社会公益基金也可以用于支持弱势群体的帮扶工作。高校可以与相关社会组织合作，开展各类扶贫济困项目，帮助贫困家庭、残障人士、流浪儿童等群体融入社会，改善他们的生活状况。此外，高校还可以通过设立奖学金、助学金等形式，资助贫困学生完成学业，为他们提供更多的成长机会。这些举措不仅可以减轻弱势群体的生活压力，也可以促进社会的公平与和谐。

2. 实施节能减排项目，推动校园绿色环保和资源循环利用

高校作为大型的教学科研机构，能源消耗量较大，对环境的影响也较为显著。因此，实施节能减排项目是高校环保工作的重要举措之一。高校可以对校园建筑进行节能改造，采用节能设备和技术，降低能源消耗；优化供暖、照明等系统，提高能源利用效率；加强能源管理，控制能源浪费。这些措施不仅可以降低校园能耗，还可以减少对环境的污染，推动绿色发展。

除了节能减排外，高校还应该积极推动校园绿色环保工作。开展植树造林、绿化美化等活动，增加校园绿地面积，改善环境空气质量；推广环保科技成果，开展环保宣传教育，提高师生环保意识；建立环保监测系统，定期对校园环境进行监测和评估，及时发现和解决环境问题。这些举措不仅可以建设美丽的校园环境，还能营造良好的学习生活氛围。

高校可以通过推动资源循环利用来减少资源消耗和环境污染。可以建立废弃物分类回收制度，对废纸、废塑料、废金属等可回收资源进行分类收集和处理，实现资源再利用；开展废旧物品再加工利用，如废旧家具、电子设备等，可以进行回收再制造，减少资源浪费；引导师生养成节约资源、勤俭节约的生活习惯，减少不必要的消费和浪费。这些措施不仅可以实现资源的循环利用，还能降低资源消耗，保护环境。

综上所述，高校在财务投入社会公益和环境保护方面可以采取多种具体举措，包括设立社会公益基金、支持社区建设和弱势群体帮扶，以及实施节能减排项目、推动校园绿色环保和资源循环利用等。这些举措不仅有利于高校的可持续发展，也为社会进步和环境改善作出积极贡献。

第三节　高校财务社会责任的评估与认证

一、高校财务社会责任评估体系

（一）高校财务社会责任评估体系指标设计

高校财务社会责任评估指标体系的设计是一个涉及多方面因素的复杂过程。这个过程需要考虑高校的使命和愿景、社会期望、国家政策、行业标准及国际实践等多个层面。设计一个全面且有效的评估指标体系可以帮助高校更好地履行社会责任，促进可持续发展和社会影响力的提升。

首先，设计评估高校财务社会责任的关键指标和标准需要考虑高校的核心价值和使命。高校作为教育和知识传播的中心，其社会责任不局限于教学和科研，还包括对社会的贡献和回馈。因此，在设计指标体系时，需要考虑高校的教育质量、科研成果、社会服务、文化传承等方面的表现。

其次，评估指标体系应该充分考虑社会的期望和需求。高校在自身发展的同时，更应该承担起为社会培养人才、促进社会进步的责任。因此，评估指标体系需要包括高校对人才培养的质量、对社会的贡献、对人才的培养和创新能力的提升等方面的评估。

再次，评估指标体系还应该考虑国家政策和行业标准的要求。随着社会的发展和变革，政府对高校的社会责任提出了更高的要求，同时行业标准也在不断更新和完善。因此，高校在设计评估指标体系时，需要充分考虑国家政策和行业标准的要求，确保评估指标体系的科学性和有效性。

最后，评估指标体系的设计还应该借鉴国际实践和经验。高校的社会责任评估是一个全球性问题，需要借鉴和吸收国际上的先进经验和做法。因此，高校在设计评估指标体系时，需要考虑国际实践和经验，不断完善和提升评估指标体系的水平和质量。

综上所述，设计评估高校财务社会责任的关键指标和标准是一个综合性的过程，需要考虑高校的使命和愿景、社会期望、国家政策、行业标准及国际实践等多个层面。只有设计出科学、全面、有效的评估指标体系，高校才能更好地履行社会责任，实现可持续发展和社会影响力的提升。

高校在设计评估财务社会责任的关键指标和标准可以考虑以下六个方面的内容。

1. 财务透明度指标

财务报告的及时性和准确性：评估高校财务报告的发布频率和内容的准确性，包括资产负债表、利润表、现金流量表等内容。

财务信息披露的完整性：评估高校是否按照法律法规和行业标准要求，对财务信息进行全面披露，包括财务指标、关联交易、内部控制等方面的信息。

2. 财务管理指标

资金使用率：评估高校对资金的合理使用程度，包括资金的配置、运营效率等方面。

财务风险管理：评估高校对财务风险的识别、评估和应对能力，包括市场风险、信用风险、流动性风险等方面。

3. 社会责任履行指标

教育质量指标：评估高校的教育质量和教学水平，包括学生的学术成就、就业率、学术声誉等方面。

科研成果指标：评估高校的科研成果和科研水平，包括科研项目数量、科研成果转化率、专利申请数量等方面。

社会服务指标：评估高校对社会的贡献和服务水平，包括社会实践项目、公益活动、社会组织合作等方面。

4. 文化传承指标

文化传承项目数量和影响力：评估高校对本土文化和传统文化的传承和发展情况，包括文化节庆、传统技艺保护等方面。

文化活动参与度和效果：评估高校组织的文化活动的参与度和社会影响力，包括文化艺术表演、展览、讲座等方面。

5. 可持续发展指标

环境管理和资源利用：评估高校在能源利用、水资源管理、废物处理等方面的表现，包括能源消耗量、水资源利用效率、废物处理率等指标。

社会责任投资：评估高校在社会责任项目上的投资和支出情况，包括捐赠、慈善事业、环保项目等方面的支出额度和效果。

节约资源和减少排放：评估高校在节约资源和减少排放方面的措施和成效，包括减少二氧化碳排放、节约用水、节约能源等方面的表现。

6. 社会影响力指标

社会声誉和认知度：评估高校在社会上的声誉和知名度，包括媒体报道、社会口碑、社会评价等方面的指标。

社会参与和合作：评估高校在社会事务中的参与程度和合作意愿，包括与政府、企业、非营利组织等的合作项目和活动。

社会影响力和变革能力：评估高校对社会的影响力和变革能力，包括社会创新、社会变革、社会发展等方面的指标。

高校在设计这些指标和标准时，需要考虑该校的特点和定位，充分体现高校的使命和社会责任，同时需要结合国家政策和行业标准的要求，确保评估指标体系的科学性和有效性。

（二）高校财务社会责任评估体系的制定方法和流程

制定评估方法和流程是确保高校财务社会责任评估结果客观准确的关键步骤。评估方法的选择和评估流程的规划需要充分考虑评估的目的、对象、标准及实施的可行性和有效性。科学合理的评估方法和流程能够有效地指导评估工作的开展，确保评估结果既符合实际情况，又具有说服力和可信度。下面笔者将对评估方法和流程的制定进行详细探讨。

1. 确定评估目标和范围

高校在制定评估方法和流程之前，需要明确评估的目标和范围。评估目标应该清晰具体，明确表达评估的目的和意义；评估范围应该涵盖高校的所有主要活动领域，包括财务管理、教学科研、社会服务、文化传承等方面。

2. 建立指标评估体系

基于确定的评估目标和范围，需要建立科学合理的评估指标体系。该指标体系应该包括财务透明度、财务管理、社会责任履行、可持续发展、社会影响力等方面的指标，确保评估的全面性和综合性。

3.选择评估方法

鉴于高校财务社会责任的复杂性，评估方法应该采取多元化方式，在选择评估方法时，需要考虑评估的全面性、客观性、科学性和可操作性。以下是一些常用的评估方法：

定性与定量相结合：综合运用定性和定量方法，定性方法可以帮助理解问题的本质和深层次原因，定量方法可以提供具体的数据支持和量化指标。

问卷调查：设计问卷调查，收集利益相关者的意见和反馈，了解他们对高校财务社会责任的看法和期望。

案例分析：选择一些典型案例，对高校在财务社会责任方面的表现进行深入分析和评估，从中总结经验和教训。

专家评审：邀请相关领域的专家组成评审团队，对高校的财务社会责任进行评估，借助专家的知识和经验提高评估的科学性和客观性。

数据分析：利用现有的数据和统计方法，对高校在财务社会责任方面的表现进行量化分析和评估，提供客观的评价结果。

高校综合运用这些评估方法，可以全面、客观地评估财务社会责任，为评估结果的准确性提供有力支持。

4.确定评估流程

高校在制定评估流程时，需要考虑评估的具体步骤和时间安排。评估流程应该清晰明确，包括评估准备、信息收集、数据分析、结果反馈等阶段，确保评估工作有条不紊地进行。

评估流程的规划是确保评估工作顺利进行和评估结果客观准确的关键环节。以下是评估流程的一般规划：

成立评估团队：评估工作需要一个专业的团队来负责实施，因此需要成立一个具有专业知识和经验的评估团队。评估团队成员包括财务管理专家、教育学者、社会学家、环境保护专家等多个领域的专业人士，确保评估工作的全面性和专业性。

确定评估目标和范围：明确评估的目标和范围，确定评估的重点和关注点，为评估工作提供清晰的方向和指导。

制定评估指标体系：设计和确定评估指标体系，包括财务、社会责任、可持续发展、社会影响力等方面的指标，为评估提供量化的标准和指导。

收集评估数据：收集评估所需的数据和信息，包括财务报告、统计数据、问卷调查结果、案例分析等，确保评估数据的全面性和准确性。

数据分析和评估：对收集的数据进行分析和评估，利用评估方法对高校的财务社会责任进行全面、客观的评价，得出评估结果和结论。

编制评估报告：根据评估结果编制评估报告，明确评估的发现、问题和建议，为高校改进和提升财务社会责任提供参考和建议。评估报告应该客观准确地反映高校的财务社会责任情况，提出合理的建议和改进措施，促进高校的可持续发展和社会责任的履行。

反馈和改进：将评估报告反馈给高校管理层和利益相关者，促进高校对财务社会责任的认识和重视，推动高校改进和提升社会责任履行能力。

高校通过科学规划评估流程，确保评估工作有条不紊地进行，评估结果客观准确，为财务社会责任的改进和提升提供有力支持。

综上所述，制定评估方法和流程是评估高校财务社会责任的关键环节，需要明确评估目标和范围，建立科学合理的评估指标体系，选择多元化的评估方法，确定清晰明确的评估流程，成立专业的评估团队，开展系统全面的评估工作，分析评估结果，发布评估报告，确保评估结果的客观准确性，为高校的发展提供有力支撑。

二、高校财务社会责任认证体系

（一）建立高校财务社会责任认证体系的必要性

建立高校财务社会责任认证体系是为了更好地促进高校履行社会责任，提升可持续发展和社会影响力。建立高校财务社会责任认证体系的必要性在当今社会显得尤为重要。

1. 推动财务社会责任履行

高校是社会的重要组成部分，其社会责任履行情况直接关系社会的稳定和发展。建立财务社会责任认证体系可以帮助高校提升社会认可度和信任度，增强社会对高校的认可和支持。财务社会责任认证体系为高校赢得社会信任和支持提供了保障。财务社会责任认证体系作为引导高校履行社会责任的重要手段，有效地推动高校积极履行社会责任。在市场经济条件下，高校不仅是教育和科研机构，更是社会的一部分，应当承担相应的社会责任。通过建立认证体系，高校可以明确应该承担的社会责任，加强财务管理、改善社会服务、促进科研创新等方面的工作，从而更好地满足社会的需求和期待。

2. 提升高校社会形象

在当今社会，社会责任意识日益增强，社会对高校的期待越来越高。高校如果能够通过认证体系获得认证，就意味着其在财务管理、社会服务、环境保护等方面都达到了一定的标准，得到了一定的社会认可和肯定。这不仅可以提升高校的社会声誉和形象，还可以吸引更多学生、教职员工和社会资源投入高校中，促进高校的发展和壮大。

3. 促进财务透明度和规范运作

财务透明度是高校社会责任履行的重要方面之一。高校建立认证体系可以加强财务管理和透明度，规范运作，提高财务报告的真实性和准确性，增强财务信息的可信度。

4. 引导资源配置和投资决策

认证体系可以为高校的资源配置和投资决策提供参考依据。通过认证，高校可以清晰了解自身的财务社会责任表现，及时发现和解决问题，合理调整资源配置和投资方向，提高资源利用效率和经济效益。

5. 提高竞争力和吸引力

社会责任认证成为衡量高校综合实力和社会影响力的重要指标之一。通过认证，高校可以提升自身的竞争力和吸引力，吸引更多学生、教职员工和合作伙伴，促进高校的持续发展。

6. 推动可持续发展和社会影响力

建立认证体系可以促进高校在可持续发展和社会影响力方面的持续改进和提升。通过认证，高校可以更好地识别和解决问题，制定并实行相关的改进措施，推动高校向可持续发展和社会责任履行的目标不断迈进。

7. 促进国际交流与合作

国际上越来越多的高校将社会责任作为重要发展战略，建立认证体系有助于促进国际高校间的交流与合作。通过认证，高校可以增强国际信任与合作基础，推动国际交流与合作进一步深化。

在推动高校财务社会责任履行和提升社会形象的过程中，高校财务社会责任认证体系发挥重要作用。它不仅促使高校更加重视社会责任，还为高校提供一个自我评估和改进的机制，帮助高校不断提升自身的竞争力和影响力。因此，建立健全财务社会责任认证体系是非常必要的，它有助于推动高校朝着更加负责任、可持续发展的方向发展，促进高校与社会的良性互动和共同进步。

综上所述，建立高校财务社会责任认证体系是非常必要且具有重要作用的。通过认证，不仅可以提升高校的社会认可度和信任度，促进财务透明度和规范运作，还可以引导资源配置和投资决策，提高竞争力和吸引力，推动可持续发展和社会影响力，促进国际交流与合作。因此，建立认证体系有助于高校更好地履行其社会责任，推动高校可持续发展和社会进步。

（二）现有高校财务社会责任认证体系及其运行情况

高校财务社会责任认证体系在全球范围内已经逐渐建立并发展。这些认证体系旨在评估高校在财务管理、社会责任、可持续发展等方面的表现，以及其对社会的影响和贡献。以下简单列举了一些现有的高校财务社会责任认证体系及其运行情况。

1. 国际认证协会（AACSB）国际认证

认证机构：AACSB 是全球顶尖的商学院认证机构之一，也是最早开始认证高校的机构之一。

认证标准：AACSB 认证主要关注高校的教学质量、科研水平、学术声誉等方面，也包括财务管理和社会责任等内容。

认证过程：高校需要提交详细的申请材料，并接受 AACSB 专家团队的评估和审查，最终通过认证。

运行情况：AACSB 认证在全球范围内被广泛认可，已有数百所高校通过 AACSB 认证，其认证标准和程序得到了高度认可和尊重。

2. 工商管理硕士协会（AMBA）认证

认证机构：AMBA 是一家专注于工商管理领域的认证机构，主要认证工商管理硕士项目和商学院。

认证标准：AMBA 认证关注高校的教学质量、学术声誉、校友网络等方面，也包括财务管理和社会责任等内容。

认证过程：高校需要提交申请材料，并接受 AMBA 专家团队的审查和评估，最终通过认证。

运行情况：AMBA 认证在全球范围内有一定影响力，已有数十所高校通过 AMBA 认证，其认证标准和程序备受认可

3.联合国负责任管理教育原则（PRME）倡议

认证机构：PRME 是由联合国发起的一个倡议，旨在推动高校在管理教育领域的社会责任。

认证标准：PRME 倡议关注高校在管理教育中的社会责任、可持续发展等方面的表现，包括教学、研究、社会服务等内容。

认证过程：高校需要签署 PRME 倡议，承诺履行其原则，并定期提交报告，展示其在社会责任方面的实践和成果。

运行情况：PRME 倡议已有数百所高校参与，通过了 PRME 认证的高校在全球范围内受到一定程度的认可和赞誉。

4.其他地区性和行业性认证

在一些地区和行业，也存在一些地区性和行业性的高校财务社会责任认证体系，如欧洲质量改进体系（EQUIS）、中国管理科学研究院（CMSA）等。

这些认证体系在不同地区和行业有不同的认证标准和程序，但都旨在评估高校在财务、社会责任、可持续发展等方面的表现。

总的来说，现有的高校财务社会责任认证体系已覆盖全球范围内的大部分高校，这些认证体系在评估高校的财务管理、社会责任、可持续发展等方面发挥重要作用。通过参与认证，高校可以提升自身的管理水平和社会责任意识，增强在社会上的影响力和竞争力。

第六章　高校财务治理与监督

第一节　高校财务治理的原理与实践

一、高校财务治理的概念和意义

（一）高校财务治理的含义和重要性

1. 高校财务治理的内涵

高校财务治理是指对高校财务活动进行全面、科学、合理管理和监督的过程，旨在确保高校财务活动合法、规范、透明、高效进行。它涉及制定财务政策、规章制度、内部控制机制，以及监督和评估财务运作的各个环节。

高校财务治理的内涵包括：

财务透明度：确保高校的财务信息对内外部相关方及时公开、透明，以便监督和评估。

内部控制：建立健全的内部控制机制，防范财务风险，保障资产安全。

法律合规：遵守国家法律法规、政策，保证高校财务活动的合法性。

效率与效益：追求财务资源的有效配置和利用，提高高校财务管理效率和效益。

2. 高校财务治理在保障高校经济运行和资源配置中的重要性

高校财务治理在保障高校经济运行和资源配置中起至关重要的作用，具体表现在以下几个方面：

保障财务稳健运行：高校财务治理能够确保高校财务活动合法、规范进行，防范财务风险，保障高校财务的稳健运行。

优化资源配置：通过财务治理，高校可以科学合理地配置财务资源，提高资源利用效率，实现资源优化配置。

增强内部控制：财务治理强调建立健全的内部控制机制，有助于高校加强对财务活动的监督和管理，防范财务风险，保障资产安全。

提升透明度与信任：良好的财务治理可以提高高校的财务透明度，增强内外部相关方对高校的信任，有利于高校与各方建立良好的合作关系。

促进发展与创新：财务治理有助于高校规范财务管理行为，提高财务管理效率，为高校的发展和创新提供坚实的财务支撑。

综上所述，高校财务治理在保障高校经济运行和资源配置中起不可替代的作用，对于高校的可持续发展和提升竞争力具有重要意义。

（二）财务治理对于高校可持续发展的意义

1.财务治理对高校长期发展的战略意义

财务治理在高校长期发展中扮演关键角色，其战略意义体现在多个方面。

首先，财务治理可确保高校资源的有效配置和管理。财务治理机制通过建立透明、有效的资源管理体系，保证这些资源被充分利用，从而推动高校朝着长远目标稳步发展。例如，高校通过预算管控、审计监督等方式，确保经费使用符合规章制度，避免资源的浪费和滥用，使资金能够更有效地用于教学、科研和人才培养等方面，实现长期发展。

其次，财务治理有助于规避风险，提高高校的抗风险能力。高校作为一个复杂的实体组织，面临各种内外部风险，如财务风险、声誉风险、市场竞争风险等。良好的财务治理可以通过建立风险管理体系和内部控制机制，及时发现和应对各类风险，减小风险对高校发展的不利影响。例如，高校建立健全内部审计制度和风险评估机制，能够发现潜在的财务风险和管理漏洞，及时采取措施加以化解，保障学校财务安全和稳定发展。

最后，财务治理还可以促进高校与外部环境的良性互动，增强高校在社会中的影响力和地位。高校作为公共机构，其经济活动受到政府、社会和市场的广泛关注和监督。良好的财务治理能够提升高校的透明度和公信力，增强社会对高校的信任感和认可度，有利于吸引更多的资源和支持。同时，通过与政府、企业、社会组织等各方合作，共同推进高校的可持续发展，实现多方共赢。例如，建立科学的绩效评价和信息披露机制，能够使高校的发展状况及时为社会所知，增强社会对高校的认同感和认可度，为高校的长期发展提供有力支持。

综上所述，财务治理对于高校长期发展具有重要的战略意义。它不仅有助于优化资源配置，提高高校的运行效率和竞争力，还能够规避风险，增强高校的抗风险能力和社会影响力，为高校的可持续发展提供坚实保障。

2.财务治理对于提升高校竞争力和声誉的意义

在当今激烈的高等教育市场竞争中，高校的竞争力和声誉直接关系其生存和发展。良好的财务治理在提升高校竞争力和声誉方面具有不可忽视的重要作用。

首先，财务治理可以提升高校的财务透明度和规范性，增强其竞争力。在高校选择、评价和监督的过程中，财务状况是一个重要的参考指标。良好的财务治理能够确保高校的财务信息真实、准确、完整地反映其财务状况和经营成果，增强高校的市场吸引力和竞争优势。例如，高校建立健全财务报告制度和审计监督机制，能够提高信用度和声誉度，以便吸引更多的优质师资和学生资源。

其次，财务治理有助于高校树立良好的形象和品牌，提升其社会声誉。高校的声誉直接关系其在社会中的地位和影响力，对于吸引优秀的师资和学生、获得政府和社会的支持与认可都至关重要。良好的财务治理能够增强高校的社会责任感和公共形象，树立高校的品牌形象和核心价值观，使其成为社会信任和认可的标志。例如，高校通过建立公开透明的财务管理制度和财务信息披露机制，积极履行社会责任，主动承担公共责任，增强社会形象和声誉，以便吸引更多的资源和人才。

最后，财务治理还可以促进高校与外部环境的良性互动，提升其竞争力和声誉。高校作为一个复杂的组织体系，其发展受到政府、市场、社会等多方面因素的影响。良好的财务治理能够积极参与社会治理和公共事务，与政府、企业、社会组织等各方建立良好的合作关系，共同推动高校的可持续发展，提升其在社会中的地位和影响力。例如，高校通过建立财务合作机制和共建共享平台，共同解决高校发展中的难题和矛盾，增强整体竞争力和影响力，以便吸引更多的资源和支持。

综上所述，财务治理对于提升高校竞争力和声誉具有重要意义。它不仅能够增强高校的财务透明度和规范性，提升其市场吸引力和竞争优势，还能够树立高校的品牌形象和核心价值观，增强其在社会中的影响力和地位，为高校的可持续发展提供有力保障。

二、高校财务治理的原理与理念

（一）高校财务治理的基本原理和理念

1. 高校财务治理的基本原则

高校财务治理是指在高校内部，通过一系列的制度、机制和方法，确保财务活动合法、合规、有效、透明、公正、负责任地进行的管理过程。在实践中，高校财务治理应遵循以下基本原则：

透明度：高校财务治理应该是透明的，即财务信息应该对相关方（如校内师生、校外合作伙伴、监管机构等）可见可查。透明度有助于建立信任，提高治理效率，防止腐败和滥用权力。

责任：高校财务治理要求管理者履行责任，保护校内各方的利益。管理者应该对其财务决策和行为负责，并接受相关监督和检查。

公正：高校财务治理应该是公正的，即在财务决策和资源分配中，遵循公平、公正、无歧视原则，确保各方的利益得到平等对待。

效率：高校财务治理要求管理者在资源利用和管理过程中追求效率，即在保证质量的前提下，尽可能降低成本，提高绩效，实现资源的最优配置。

独立性：高校财务治理需要保持独立性，即财务管理机构和人员应该独立于校内其他部门和利益相关方，以确保财务活动的客观性和公正性。

2. 财务治理的核心价值观和行为准则

高校财务治理的核心价值观和行为准则是指在财务管理过程中应该遵循的一系列道德和行为原则。这些价值观和准则旨在引导管理者和财务人员正确处理财务问题，保障高校财务活动的正常运行和发展。常见的核心价值观和行为准则包括：

诚信：管理者和财务人员应该诚实守信，不得有欺骗、隐瞒、篡改财务信息的行为，确保财务信息的真实性、完整性和可靠性。

责任：管理者和财务人员应该承担自己的责任，认真履行职责，确保财务活动符合相关法律法规和规章制度，避免因过失或疏忽造成损失或风险。

谨慎：管理者和财务人员应该谨慎处理财务事务，审慎制定财务决策，避免因冲动或贪婪而导致的不当行为和错误决策。

公正：管理者和财务人员应该客观公正地处理财务事务，不得因个人私利或利益关系而偏袒或歧视任何一方，确保资源的公平分配和利益的公正保护。

尊重：管理者和财务人员应该尊重他人的权利和利益，不得侵犯他人的财产和合法权益，保护他人的隐私和机密信息。

追求卓越：管理者和财务人员应该追求卓越，不断提升自己的专业素养和职业技能，为高校财务管理的持续改进和发展作出积极贡献。

通过遵循以上核心价值观和行为准则，高校可以有效提升财务治理水平，确保财务活动的合法性、规范性和有效性，实现长期可持续发展。

（二）财务治理实践中的规范要求

当谈及高校财务治理实践中的规范要求时，我们需要考虑高等教育的特殊性和社会责任，以及对资源的有效利用和管理。

在高校财务治理实践中，规范要求是指规范和指导财务决策和行为的法律法规、准则和标准。

高校财务治理的规范要求旨在确保财务活动的合法性、合规性和稳健性，以及有效地管理风险。首先，规范要求包括遵守相关法律法规和规章制度。高校必须遵守国家和地方政府颁布的财政管理法规，以及学校内部制定的各项规章制度，确保财务活动的合法性和合规性。其次，规范要求还包括建立健全内部控制体系。内部控制体系应当覆盖财务管理的各个环节，包括预算编制、资金使用、会计核算等方面。高校通过建立有效的内部控制，可以降低财务风险，防范财务失误和不当操作。再次，规范要求还包括建立健全财务监督机制。高校应当设立独立的财务监督机构或委员会，负责对财务活动进行监督和审计，确保财务活动的透明度和公正性。最后，规范要求还包括建立健全风险管理机制。高校应当认识到财务活动存在的各种风险，并采取相应的措施加以管理和控制。这包括对资金流动、投资项目、外部环境等方面的风险进行评估和监督，以及建立应对危机的预案和应急机制。这些规范要求通常涵盖五个方面。

（1）法律法规

高校财务决策必须符合国家和地方的法律法规。高校管理层和财务人员必须遵守相关法律法规，确保高校的财务活动合法合规。

（2）会计准则和规范

高校必须按照相关的会计准则和规范编制财务报告，确保报告的准确性和可靠性。这包括国际财务报告准则（IFRS）和国家会计准则等。财务报告必须及时公布，以便利益相关方对高校的财务状况和业绩进行评估。

（3）财务管理制度

高校必须建立健全财务管理制度，包括预算管理、内部控制、资产管理等方面的规定和程序。这些制度和程序应该能够有效地监督和管理高校的财务活动，防止财务风险和错误的发生。

（4）外部审计和评估

高校财务活动应该接受外部审计和评估的监督。高校应该定期邀请独立的审计机构对其财务报告进行审计，以验证其准确性和合规性。此外，高校还应该接受相关机构或组织的评估，评估其财务管理水平和绩效表现。

（5）治理机制和监督机构

高校必须建立健全治理机制和监督机构，确保财务决策和行为的合理性和透明度。高校董事会或管理委员会应该对高校的财务活动进行监督和审查，确保高校的利益得到有效保护。

通过遵循以上的价值导向和规范要求，高校可以更好地管理和运用其财务资源，实现教育使命并提升高校的整体竞争力和社会影响力。

三、高校财务治理的实践路径与机制

（一）高校财务治理的实践路径

1.高校财务治理的实践路径选择

高校财务治理的实践路径是指高校在管理财务方面采取的具体行动和策略。针对高校财务管理的特点和需求，可以选择四种实践路径。

制度化路径着重建立健全财务管理体制和制度，通过明确的组织结构、规范的程序和完善的内部控制机制，确保高校财务活动的合规性和透明度。例如，建立财务管理委员会、编制详细的财务管理手册、实行审计制度等，以规范和监督财务管理行为。

在市场化路径下，高校将财务管理的部分职能外包给市场机构或专业服务机构，以提高管理效率和质量。例如，委托专业机构进行财务审计、资产评估和投资管理等，通过引入市场竞争机制来优化资源配置和降低成本。

社会化路径强调高校与社会各界的合作与共享，通过建立多元化的合作关系和共建共享的财务平台，实现资源整合和风险共担。例如，与政府部门、企业、社会组织等建立战略合作关系，共同开展财务管理、项目投资和资金运作，实现优势互补和利益共享。

在科技化路径下，高校利用信息技术和数字化手段改进财务管理方式，提高管理效率和数据分析能力。例如，采用财务管理信息系统、数据挖掘技术和人工智能算法，实现财务数据的实时监控、预测分析和智能决策，为高校财务决策提供科学依据。

2.不同实践路径的优缺点和适用情况

各种实践路径都有其优缺点，高校需要根据自身情况和发展目标选择合适的路径。

（1）制度化路径

优点：能够建立稳定可靠的财务管理机制，保障财务活动的合规性和稳健性；有利于提升内部控制水平，减少管理风险和财务风险；有利于建立良好的社会形象，增强高校的信誉和声誉。

缺点：制度化路径下的管理常常较为烦琐和僵化，可能会增加行政成本和管理成本；由于依赖内部制度和程序，对外部环境的变化适应性较差，难以灵活应对市场竞争和政策变化。

适用情况：适合财务管理要求严格、风险控制重要的高校，尤其是财务管理制度不完善、内部控制缺失或管理混乱的情况。

（2）市场化路径

优点：能够引入市场竞争机制，激励高校提高管理效率和质量；通过外包服务，能够节约人力和物力资源，降低成本；能够借助市场专业机构的力量，提高财务管理水平和专业化程度。

缺点：市场化路径下存在信息不对称和道德风险，委托方与服务方之间存在利益冲突和代理问题；如果选择不当或监督不力，会导致服务质量下降、风险增加甚至损失财产。

适用情况：适合高校财务管理需求灵活、服务需求较多、市场竞争较为激烈的情况，尤其是对于财务管理职能不强、资源有限或财务风险较高的高校。

（3）社会化路径

优点：能够实现资源共享和风险共担，通过合作共赢的方式促进高校与社会各界的良性互动和互利合作；能够充分利用外部资源和专业力量，提升高校财务管理水平和综合竞争力。

缺点：社会化路径下需要建立复杂的合作关系和协调机制，可能会增加管理难度和沟通成本；如果合作关系不稳定或合作伙伴不可靠，可能会导致合作效果不佳或产生风险。

适用情况：适合高校资源短缺、管理水平较低、需要与社会各界广泛合作的情况，尤其是资金来源多元化、项目合作需求大、风险分散希望的情况。

（4）科技化路径

优点：能够提高财务管理效率和精度，通过信息化手段实现数据的快速采集、处理和分析，支持高校管理者做出科学决策；能够实现财务管理的智能化和自动化，减少人为误差和管理风险。

缺点：科技化路径下需要投入大量的资金和技术人才，建设和维护成本较高；如果信息系统不稳定或数据安全存在问题，会导致管理风险和信息泄露的风险。

适用情况：适合高校信息化程度较高、技术基础雄厚、注重创新发展的情况，尤其是对于需要大数据支持、管理需求复杂或决策周期较短的高校。

综上所述，高校在选择财务治理的实践路径时，应结合自身特点和发展需求，综合考虑各种路径的优缺点，寻找最适合的路径，并不断优化和调整以适应外部环境的变化。

（二）高校财务治理的机制建设

高校财务治理的机制建设是确保高校财务活动合规、透明、有效的重要步骤。本部分将探讨建立高校财务治理的组织机构和运行机制，以及高校财务治理机制的完善与创新。

1. 建立高校财务治理的组织机构和运行机制

在高校财务治理的组织机构建设中，应该考虑以下四个方面：

（1）设立专门的财务管理部门

高校应设立专门的财务管理部门，负责规划、执行和监督财务活动。该部门应该由经验丰富的专业人士管理，他们具备财务管理和会计方面的专业知识，并且具有良好的沟通和协调能力。

（2）设立财务委员会

财务委员会应由学校领导、财务管理部门负责人以及其他相关部门的代表组成。该委员会的职责包括审查和批准预算、监督资金使用、评估财务风险等。财务委员会的成员应该具备财务管理方面的专业知识，并且能够独立客观地审查财务活动。

（3）建立内部控制机制

高校应建立健全的内部控制机制，包括制定财务管理制度、建立审计制度、规范财务流程等。内部控制的目的是确保资金的安全性和合法性，防止财务风险和不当操作的发生。

（4）加强信息披露和透明度

高校应加强对财务信息的披露，确保相关信息对内外部利益相关者都是透明和可获取的。这包括编制财务报告、定期公布财务信息、接受外部审计等。

2. 高校财务治理机制的完善与创新

高校财务治理机制的完善与创新是适应时代发展和高校管理需求的必然选择，以下是一些完善与创新的方向：

（1）引入信息技术

利用信息技术来优化财务管理流程，提高工作效率和信息处理能力。例如，建立财务管理信息系统，实现财务数据的实时监督和分析，提供数据支持和决策参考。

（2）强化风险管理

面对复杂多变的外部环境，高校应加强风险管理，建立风险识别、评估和控制机制。高校通过制定风险管理政策、建立风险管理团队等措施，及时应对各类风险挑战。

（3）推进财务改革

不断推进财务改革，完善财务管理体制和机制。这包括深化预算管理、优化资金使用率、改革绩效评价机制等，以实现高校财务管理的科学化、规范化和现代化。

（4）加强国际化合作

积极开展国际化合作，借鉴和吸收国际先进的财务管理经验和理念。高校通过与国际知名高校、机构的合作交流，提升财务管理水平，推动财务治理机制的不断创新和发展。

综上所述，建立健全高校财务治理机制对于提升高校财务管理水平和保障资金安全具有重要意义。高校通过建立组织机构和运行机制，加强信息披露和透明度，推动机制的完善与创新，可以有效提升财务治理效能和水平。

第二节 高校财务治理的主体与机制

一、高校财务治理的主体构成

（一）高校财务治理的参与主体

1. 高校领导班子

高校领导班子是高校财务治理的核心主体之一，通常包括校长、副校长等。他们承担着全面领导和管理高校的责任，对于财务管理的决策和执行起关键作用。校长作为高校最高管理者，负责制定财务管理的总体战略和政策，并监督其执行。副校长则负责具体领域的管理工作，其中主管财务的副校长通常负责财务部门的日常运作和财务政策的执行。

2. 财务部门

财务部门是高校财务治理的执行主体，主要包括财务处、审计处等部门。财务处负责财务管理的日常工作，包括预算编制、会计核算、资金管理等。审计处则负责对高校的财务活动进行监督和审计，确保财务活动的合法性、规范性和透明度。

3. 监督机构

监督机构是高校财务治理的重要保障，主要包括审计机构、监事会等。审计机构负责对高校的财务活动进行独立审计，发现问题并提出改进建议。监事会则是高校的监督机构，由校外专家和代表组成，负责监督高校领导班子和财务部门的工作，保障高校财务管理的公正和透明。

4. 社会各界代表

社会各界代表是高校财务治理的重要参与者，包括校友会、捐赠者等。校友会作为校友的组织机构，承担着联络校友、促进校友交流和支持学校发展的职责。捐赠者则是高校的重要资金来源之一，他们通过捐赠支持高校的发展和建设，对于高校的财务稳定和可持续发展起重要作用。

这些参与主体共同构成了高校财务治理的组织架构和运行机制，各方合作共同推动高校财务管理工作的顺利进行，为高校的长期发展和稳定运行提供了有力保障。

（二）各主体的职责

1. 高校领导班子的职责

高校领导班子在高校财务管理中扮演至关重要的角色。他们的职责主要包括决策、领导和监督三个方面。

首先，高校领导班子需要负责制定和执行高校财务管理的战略方针和政策。这包括确立财务目标、规划财务资源的合理配置以支持学校的教学科研等活动，并确保这些决策符合学校整体发展的战略方向。

其次，高校领导班子需要领导和协调高校内部各部门之间的财务工作，确保各部门的财务活动与高校的整体战略目标保持一致，协调资源的分配和利用，保障各项财务活动的顺利进行。

最后，高校领导班子还需监督高校财务管理工作的执行情况，并对相关部门和个人进行绩效评估，确保财务管理工作符合相关法律法规和政策要求，保障高校财务活动的合规性和有效性，防止财务风险和损失的发生。

2. 财务部门的职责

财务部门作为高校财务管理的执行主体，其职责涵盖了多个方面，主要包括财务管理、预算执行、会计核算等。

首先,财务部门需要负责制定和执行高校的财务管理制度和规章制度,包括建立健全财务管理制度、编制年度预算、制定财务政策等。他们需要根据高校的财务需求,合理配置财务资源,确保财务活动的顺利开展。

其次,财务部门需要负责高校财务预算的编制和执行。他们需要根据高校的发展规划和经济状况,编制年度预算和资金计划,并监督各部门按照预算进行支出,确保财务资源的合理利用。

此外,财务部门还需要负责高校的会计核算工作。他们需要及时、准确地对高校的财务收支进行核算和记录,编制财务报表,向高校领导和相关部门提供财务信息,为高校的决策提供依据。

3. 监督机构的职责

监督机构在高校财务管理中担当监督者和审查者的角色,其主要职责包括监督财务活动的合规性和效率性两个方面。

首先,监督机构需要监督高校的财务活动是否符合相关法律法规和政策要求。他们需要对高校的财务制度、预算执行、会计核算等方面进行监督和检查,确保高校的财务活动合法合规。

其次,监督机构还需要评估和监督高校的财务活动效率和绩效。他们需要对高校的财务管理工作进行评估和审查,发现问题和不足,并提出改进意见,以提高高校的财务管理水平和效率。

4. 社会各界代表的职责

社会各界代表在高校财务管理中扮演监督者和参与者的角色,其主要职责包括监督学校财务活动的公开透明和参与决策的权利。

首先,社会各界代表需要监督高校的财务活动是否公开透明。他们关注高校的财务预算、支出、收入等情况,监督高校的财务管理是否公开透明,确保高校的财务活动符合社会公众的利益和期望。

其次,社会各界代表有权参与高校财务管理的决策过程,如参加高校董事会、财务委员会等,向高校提出意见和建议,参与重大财务决策的讨论和审议,确保高校财务管理的公平公正。

综上所述,高校财务管理中各主体的职责和权责边界需要明确划分,各方需要密切配合，共同努力，才能确保高校财务管理工作的顺利进行，为高校的持续发展提供坚实的财务保障。

二、高校财务治理的机制建设

（一）建立健全高校财务治理机制的重要性

在现代高校管理中，建立健全财务治理机制至关重要。这一机制的建设对于提升高校财务管理水平、促进高校良好发展具有重要意义。

1. 提升高校财务管理水平的必然要求

高校财务管理作为高等教育管理的重要组成部分，其水平直接影响高校的运行和发展。建立健全财务治理机制是提升高校财务管理水平的必然要求，具体体现在四个方面。

合理配置资源：高校作为教育和科研机构，需要大量的资源支持其教学、科研和管理等各项活动。而合理配置这些资源，使其最大化地发挥效益，就需要建立科学、规范的财务管理体系，而这正是健全的财务治理机制所能提供的。

风险管理与控制：高校面临各种各样的内外部风险，如资金风险、市场风险、政策风险等。建立健全财务治理机制可以有效地帮助高校进行风险识别、评估和控制，从而降低高校面临的各种风险带来的损失。

提高管理效率：高校作为一个庞大的组织机构，需要高效的管理体系来保证其正常运行。建立健全财务治理机制可以提高高校内部管理效率，使其更加透明、规范、便捷，从而提高整体管理水平。

提升高校竞争力：随着高等教育市场的竞争日益激烈，高校之间的竞争不仅体现在学科建设、师资队伍等方面，财务管理水平也成为高校竞争力的重要组成部分。建立健全财务治理机制可以提升高校的财务管理水平，从而增强其在竞争中的优势。

2. 促进高校良好发展的重要保障

高校的良好发展离不开健康稳定的财务状况作为支撑。高校建立健全财务治理机制有利于实现高校的良好发展，具体体现在四个方面。

保障资金安全：高校作为一个重要的公共机构，其资金安全至关重要。建立健全财务治理机制可以有效地保障高校资金安全，防止财务风险的发生，保障高校的正常运行。

提升投资效益：高校需要不断进行各项投资以支持其教学、科研和管理等活动。建立健全财务治理机制可以帮助高校进行科学的投资决策，提升投资效益，从而为高校的良好发展提供资金支持。

增强发展动力：建立健全财务治理机制可以为高校提供稳定的财务支持，增强其发展的动力。高校在财务状况稳定的情况下，更容易吸引优秀的师资和学生，推动学科建设和科研成果的转化，从而实现良好发展。

提升声誉形象：高校的财务状况直接影响其声誉形象，而建立健全财务治理机制可以提升高校的财务透明度和规范性，增强其公信力，从而提升高校的声誉形象，吸引更多的资源和人才。

总的来说，建立健全高校财务治理机制对于提升高校财务管理水平、促进高校良好发展具有重要意义。只有不断完善和强化这一机制，才能更好地支撑高校的各项活动，推动高校向更高水平迈进。

（二）高校财务治理机制的设计原则

在高校财务管理中，建立健全的治理机制至关重要。这个机制应该遵循一系列的原则和关键环节，以确保财务活动的透明度、责任性和监督性。

1. 透明度原则

透明度是高校财务管理的核心原则之一。它要求财务活动的全部过程都应该对内外部的相关方公开透明，确保信息的真实性、准确性和及时性。为了实现透明度，高校应该建立完善的财务信息公开制度，包括编制财务报告、公布财务数据、开展财务公开活动等。同时，高校还应该加强与社会各界的沟通和互动，建立良好的信任关系，促进信息的共享和交流。

2. 责任性原则

责任原则要求明确各方在财务管理中的责任和义务，形成明确的责任倒逼机制。这包括高校领导、财务部门、相关人员等各方的责任划分和责任链条的建立。高校领导应该对财务管理工作负最终责任，财务部门应该制定具体的财务管理制度和规定，相关人员应该按照规定履行职责，确保财务活动的合法性和规范性。此外，高校还应该建立激励和惩罚机制，对责任履行情况进行评估和奖惩，激发各方的责任意识和积极性。

3.监督性原则

监督是确保高校财务管理有效性和合规性的重要保障措施。监督原则要求建立有效的监督机制，对财务活动进行全程监控和审查。这包括内部监督和外部监督两个层面。内部监督主要由高校内部各部门和机构进行，包括财务部门、审计部门、纪检监察部门等，通过内部审计、内部控制等方式对财务活动进行监督和检查。外部监督则由外部机构和社会公众来进行，包括政府监管部门、外部审计机构、媒体和公众舆论等，通过外部审计、舆情监测等方式对高校财务活动进行监督和评价。同时，高校还应该建立内外部监督机构之间的沟通和协作机制，形成相互配合、相互促进的监督体系。

在高校财务治理机制的设计中，透明度、责任和监督性是三个基本原则，三者相互作用、相互支持，共同构建一个有效的财务管理体系。高校只有通过不断强化这些原则和关键环节，才能够确保高校财务管理工作的规范性、透明性和有效性，实现高校的可持续发展。

第三节　高校财务治理与监督的效果评估

一、高校财务治理与监督的指标评估体系

（一）高校财务治理与监督效果评估的关键指标

在评估高校财务治理与监督效果时，建立全面、客观、科学的指标体系至关重要。指标体系应该涵盖财务透明度、内部控制和外部监管三个方面。

1.财务透明度指标

财务透明度是评估高校财务管理水平的重要指标之一，应包括以下几个方面：

财务报告公开程度：评估高校财务报告的公开程度，包括是否按时发布年度财务报告、报告内容的透明度等。

财务信息披露质量：评估高校财务信息披露质量，包括信息的完整性、准确

性、清晰度等。

财务管理制度透明度：评估高校财务管理制度的透明度，包括制度的建立与完善程度、执行情况等。

2. 内部控制指标

内部控制是确保高校财务管理有效性和合规性的重要保障，其指标体系应包括：

内部控制制度完善程度：评估高校内部控制制度的完善程度，包括制度的建立与执行情况、内部审计机制等。

资产管理和使用效率：评估高校资产管理和使用效率，包括资产使用情况、资产损失情况等。

风险管理与控制：评估高校风险管理和控制情况，包括对财务风险的识别、评估、控制和应对能力等。

3. 外部监管指标

外部监管是确保高校财务管理合规性和公正性的重要手段，其指标体系应包括：

监管机构监督效力：评估监管机构对高校财务管理的监督效力，包括监管政策的制定与执行情况、监管机构的监督手段和力度等。

外部审计质量：评估外部审计对高校财务管理质量，包括审计机构的专业水平、审计程序的完备性、审计报告的透明度等。

监管环境透明度：评估监管环境的透明度，包括相关法律法规的公开程度、监管机构的信息公开程度等。

高校通过科学、客观的评估方法，全面了解高校财务管理的实际情况，发现问题并提出改进措施，进一步提升高校财务治理水平和监管效果。

（二）高校财务治理与监督效果评估方法和流程的制定

高校财务治理涉及管理层对财务活动的领导和监督，而监督效果评估则是对这一过程的评价和改进。该评估的核心目标是确保高校财务管理符合法律法规、透明公正、风险可控、效率高效。为达成这一目标，需要建立完善的评估方法和流程。在高校财务管理中，评估治理与监督效果的方法和流程的制定至关重要。本部分将重点讨论评估方法的选择以及评估流程的设计。

1. 评估方法的选择

高校财务治理与监督效果的评估方法应综合考虑定性和定量方法，以全面、客观地评价治理和监督措施的有效性。

（1）定性方法

案例分析：通过分析实际案例，评估治理和监督措施在具体环境下的有效性。

专家访谈：邀请相关专家就治理和监督措施进行评价和建议，以获取深入见解。

问卷调查：向利益相关者发放问卷，收集他们对治理和监督效果的主观看法和意见。

（2）定量方法

财务指标分析：通过比较财务指标（如资产收益率、资产负债率等）的变化，评估治理和监督措施对财务状况的影响。

风险管理模型：利用风险管理模型，量化风险水平和风险调整后的绩效，评估治理和监督措施对风险管理的效果。

绩效评价：建立绩效评价体系，量化评估治理和监督措施的执行情况和效果。

高校在选择评估方法时，需要考虑数据可获得性、评估成本、评估周期等因素，并结合学校实际情况进行综合考量。

2. 评估流程设计

设计高校财务治理与监督效果评估的流程是确保评估工作有效开展的关键。评估流程的设计步骤包括：

确定评估目标：明确评估的目标和范围，确定评估的重点和侧重点。

制定评估指标：根据评估目标，确定相应的评估指标，包括定性指标和定量指标。

数据收集：收集评估所需的数据和信息，可以通过文件资料归档、财务报表分析、调查问卷等方式进行数据收集。

评估分析：利用选定的评估方法对收集的数据进行分析和评估，识别治理与监督效果的优势和不足。

结果沟通：就评估结果同利益相关者进行沟通，包括高校管理层、监管部门、教职员工等，以促进对评估结果的理解和接受。

改进措施：根据评估结果提出改进措施和建议，持续优化高校财务治理与监督效果。

监督跟踪：建立监督跟踪机制，定期对治理与监督效果进行跟踪评估，及时发现问题并采取应对措施。

评估流程的设计应注重科学性、可操作性和持续性，确保评估工作能够有效推进和持续改进。

高校财务治理与监督效果评估的方法和流程的制定是高校财务管理工作的重要组成部分，对于提升高校财务管理水平和服务高校发展具有重要意义。高校通过选择合适的评估方法和设计科学的评估流程，可以全面客观地评价治理与监督效果，推动高校财务管理工作不断提升。

二、高校财务治理与监督效果的评估

（一）高校财务治理与监督的效果和影响

在当今社会，高校财务治理和监督不仅是高校管理的重要组成部分，也是国家和社会对高等教育机构财务运作的重要关注点之一。高校财务治理与监督的实际效果和影响至关重要，它直接关系高校的财务健康状况、经济效益、社会形象以及国家的教育发展战略。

1. 高校财务治理的效果

高校财务治理的效果主要体现在以下四个方面。

财务透明度提升：在监管部门和内部管理的双重压力下，高校财务报表的编制和披露更加规范和透明。财务信息的公开透明度提高，有利于各方了解高校财务状况，增强信任感。

风险控制能力增强：通过建立健全内部控制机制和风险管理体系，高校能够及时发现和应对财务风险，降低经营风险，保障资金安全和财务稳定。

决策效率提高：高校财务治理的规范化和专业化，为高校领导层提供了更准确、更全面的财务信息，有助于他们做出科学、合理的决策，提高高校的运营效率和竞争力。

资源配置优化：通过财务治理的优化，高校能够更加有效地配置资源，合理分配资金，提高资金使用率，从而实现教育资源的优化配置和高效利用。

2. 高校财务监督的影响

高校财务监督的影响主要表现在以下四个方面。

监督力度加大：随着国家对高校财务管理的日益重视，监督力度不断加大。相关部门通过出台一系列法规政策和监督措施，强化对高校财务活动的监督和管理，促使高校加强内部管理，规范财务行为。

责任明晰：在监管的推动下，高校各级管理人员的责任和义务更加明确，加强了内部管理和监督，降低了财务风险。

财务合规水平提升：高校财务监督的强化，迫使高校进一步规范财务管理制度和流程，提高财务合规水平，降低违规风险。

社会信任度提升：有效的财务监督不仅增强了高校内部管理的规范性和透明度，也提升了社会对高校的信任度，有利于高校形象的提升和社会声誉的增强。

高校财务治理与监督实践的评估是一个动态的过程，需要不断总结经验，及时改进完善。只有通过不断地加强财务治理和监督，高校才能更好地保障财务稳健和持续发展，为高等教育事业的发展做出更大的贡献。

（二）监管机构和财务管理部门在财务治理中的作用和责任

监管机构和财务管理部门在财务治理中扮演至关重要的角色，它们负责确保高校财务活动的合法性、透明度和有效性。这些机构和部门通过监督、审计、规范和制定政策，促进高校财务管理的良好运作。

1. 监管机构的作用和责任

法律监督：监管机构负责确保高校财务管理活动符合国家法律法规。它们监督财务报告的准确性，防止财务欺诈和违规行为的发生。监管机构通过制定相关法律法规和规范性文件，规范高校的财务管理行为，提高其合规性和透明度。

监督审计：监管机构对高校的财务审计进行监督和指导，确保审计工作的独立性、客观性和有效性。它们定期对高校的财务报表进行审查，核实财务信息的真实性和可靠性，发现并纠正财务管理中存在的问题和风险。

风险管理：监管机构负责评估和监控高校的财务风险，制定相应的风险管理政策和措施。它们通过对高校财务活动的监督和分析，识别和评估潜在的风险因素，及时采取措施防范和化解风险，确保高校财务安全和稳定运行。

效率提升：监管机构致力于提高高校财务管理效率和效益。它们通过引入先进的财务管理理念和技术手段，优化财务流程和制度，提高财务资源利用效率，促进高校财务管理的现代化和信息化。

公众监督：监管机构代表公众监督高校的财务活动，保障社会公众的知情权和参与权。它们定期向社会公布高校的财务信息和绩效评价结果，接受社会监督和舆论监督，推动高校财务管理的公开透明和社会责任。

2. 财务管理部门的作用和责任

财务规划：财务管理部门负责制定高校的财务规划和预算，合理配置财务资源，实现财务目标和任务。它们根据高校的发展战略和需求，制订长期和短期的财务计划，确保财务资源的合理分配和利用。

资本预算：财务管理部门负责进行资本预算和投资决策，评估高校各项投资项目的收益和风险，选择最优的投资方案。它们通过财务分析和评估方法，对投资项目进行经济性和可行性分析，为高校的发展提供资金支持和保障。

财务控制：财务管理部门负责建立和实施财务控制制度，监督和管理高校的财务活动。它们通过建立预算控制、成本控制和绩效评价等机制，加强对财务资源的监督和管理，防范财务风险和损失，保障财务安全和稳定。

财务报告：财务管理部门负责编制和发布高校的财务报告，及时向内外部利益相关者披露财务信息。它们依据会计准则和规范，编制财务报表和财务分析报告，反映高校的财务状况和经营绩效，提供决策参考和信息透明度。

内部审计：财务管理部门负责进行内部审计和监督，评估高校的内部控制和风险管理情况。它们通过开展审计活动和内部检查，发现和纠正财务管理中的问题和不足，提高内部控制的有效性和质量。

监管机构和财务管理部门密切配合，共同推动高校财务管理的规范化、科学化和现代化，为高校的可持续发展和良性运行提供坚实保障。

三、高校财务治理与监督效果的持续改进与优化

在高校财务管理中，财务治理和监督效果的持续改进与优化是至关重要的。随着高校财务管理环境的不断变化和发展，制定和实施有效的治理结构和监督机

制能够帮助高校更好地管理其财务资源，提高财务透明度，降低风险，并确保合规性。

（一）评估结果的反馈与改进

1. 分析评估结果，发现存在的问题和不足

在高校财务管理中，评估结果的分析至关重要，它能够揭示存在的问题和不足，为进一步改进提供指导。首先，对于财务管理的整体情况进行分析，包括收入、支出、资产负债状况等方面的数据，以全面了解财务运作的状况。其次，对财务监督的执行情况进行细致审查，包括内部控制、财务报告的准确性和透明度等方面。最后，对存在的问题进行归类整理，明确各项问题的性质、原因和影响程度，为提出改进建议奠定基础。

2. 提出改进建议，促进财务治理与监督效果的持续改进

针对评估结果中发现的问题和不足，高校需要提出具体的改进建议，以促进财务治理与监督效果的持续改进。首先，针对内部控制方面的问题，可以加强对财务流程的监督和审计，建立完善的内部控制机制，防范财务风险的发生。其次，对于财务报告的准确性和透明度，可以加强对财务数据的核查和披露，确保财务报告的真实可信，提升财务管理的透明度和公信力。最后，还可以加强对资金使用的监督和管理，合理规划和使用财务资源，提高财务利用效率，实现财务管理的可持续发展。

（二）持续监督与评估机制的建立

1. 建立财务治理与监督的定期评估机制，确保财务管理持续优化

为了确保高校财务管理的持续优化，需要建立定期的评估机制，对财务治理与监督的执行情况进行全面评估。这一评估机制应包括定期的财务审计、内部控制评估、财务报告审核等环节，通过多层次、多角度评估，全面了解财务管理的情况，并及时发现和解决存在的问题和隐患，确保财务管理的持续改进和优化。

2. 强化监管与监督机制，提高财务治理的有效性和透明度

高校除了建立评估机制，还需要强化对财务管理的监管与监督，提高财务治理的有效性和透明度。这包括加强对财务部门和负责人员的监督，建立健全财务管理制度和规范，加强对财务数据的监测和分析，及时发现和纠正违规行为，确保财务管理的规范性和合规性。同时，高校还需要加强对外部监管机构和社会公

众的沟通与互动，提高财务管理的透明度和公信力，促进财务治理的持续改进和优化。

高校在建立持续监督与评估机制的过程中，需要充分发挥内外部监管机构的作用，加强对财务管理的监督与管理，推动高校财务管理向更加规范、透明和有效的方向发展，为高校的可持续发展提供坚实的财务保障。以下是一些具体优化措施：

建立健全治理结构：高校应建立健全的治理结构，明确各级管理层的职责和权限。这包括制定清晰的决策流程、设立独立的监督机构、建立有效的内部控制制度等。同时，高校应该注重治理结构的灵活性和适应性，以应对外部环境和内部变化的挑战。

加强内部控制和风险管理：内部控制是确保高校财务活动合规性和有效性的关键。高校应加强内部控制机制，包括制定详细的财务管理制度和流程、建立有效的财务报告和审计制度、加强对财务人员的培训和监督等。同时，高校还应该加强对各类风险的识别、评估和应对，确保风险在可接受范围内。

坚持财务透明与信息披露：财务透明是保障高校财务监管效果的重要基础。高校应加强财务信息披露，包括编制和公布财务报告、提供财务数据和信息的便利性和及时性、建立信息公开制度等，以提高利益相关方对高校财务状况的了解和信任。

加强外部监督和审计：外部监督和审计是确保高校财务管理合规性和公正性的重要手段。高校应积极配合外部监管机构的监督和审计工作，接受外部审计的检查和评估，及时整改存在的问题和不足，确保高校财务活动符合相关法律法规和规范要求。

建立风险管理与应对机制：在不确定和多变的外部环境下，高校应建立健全风险管理与应对机制，包括制定风险管理政策和流程、建立风险识别和评估机制、制定危机管理和灾备预案等，以应对各类可能影响高校财务稳定性和可持续发展的风险。

推动信息化建设与技术创新：信息化建设和技术创新对于提高高校财务管理效率和水平至关重要。高校应积极推动信息化建设，采用先进的财务管理软件和技术工具，提高财务数据的采集、处理和分析能力，实现财务管理的自动化和智能化。

加强人才队伍建设与培训：人才是高校财务管理的核心资源。高校应加强财务人才队伍建设和培训，培养和引进具有专业知识和技能的财务管理人才，提高财务人员的综合素质和能力，为高校财务治理与监督效果的持续改进与优化提供坚实的人才保障。

通过持续地改进和优化，高校能够更好地保障财务安全、提升管理水平、增强竞争力，实现财务管理的科学化、规范化和可持续发展。

第七章　高校财务人才培养与队伍建设

第一节　高校财务人才培养的目标与策略

一、高校财务人才培养目标的确定

(一)高校财务人才培养的基本目标和意义

1.财务人才培养的基本概念和内涵

财务人才培养是指通过系统的教育培训和实践锻炼，培养具备财务管理理论知识和实践技能、具有创新精神和团队合作能力的专业人才。这些人才不仅要具备财务会计、财务管理等专业知识，还需要具备信息技术、沟通协调、风险管理等跨学科能力，以适应不断变化的经济环境和管理需求。

在当今复杂多变的经济环境下，高校财务人才的培养已经成为高校财务管理工作的重要内容。高校财务人才培养的内涵主要包括：一是使财务人员掌握财务管理的基本理论知识，包括财务会计、财务管理、财务分析等方面的知识；二是培养财务人员的财务管理技能，包括财务报表分析、财务预测、财务决策等方面的技能；三是提高财务人员的实践能力，通过实践教学、实习实训等方式，使员工能够熟练运用所学知识和技能解决实际财务管理问题。

2.高校财务人才培养的重要性和紧迫性

高校财务人才的培养具有重要性和紧迫性的双重特征。

首先，高校财务管理的复杂性与专业化需要高水平的财务人才。随着高校规模的不断扩大、财务管理内容的逐渐增加，以及信息化技术的广泛应用，高校财务管理工作已经不再是简单的收支管理，而是需要具备较高财务理论素养和实践能力的专业人才来完成。

其次,当前高校财务管理领域存在人才短缺和人员结构不合理的问题。一方面,由于高校财务管理岗位的特殊性和专业性,高校很难从外部招聘具备相关经验的人才;另一方面,高校内部财务管理人员的专业素养和能力水平参差不齐,部分人员缺乏现代财务管理理念和专业技术,导致财务管理水平参差不齐,影响高校财务管理工作的顺利开展。

因此,加强高校财务人才培养具有重要的战略意义和紧迫性。高校只有通过加大对本校财务人才培养的投入力度,不断提高财务人才的素质和能力,才能更好地适应高校财务管理工作的需要,推动高校财务管理工作的不断创新和发展。

3. 高校财务人才培养的基本目标

高校财务人员的培养是现代高校财务管理实践中至关重要的一环。他们不仅要具备扎实的专业知识,还需要具备综合素质和实践能力,以适应不断变化的财务环境和复杂的管理需求。高校财务人员培养的基本目标可以归纳为以下五个方面。

(1)专业知识与技能的全面掌握

高校财务人员需要掌握财务管理领域的基本理论、法律法规和实践技能,包括财务会计、成本会计、税务管理、财务分析等方面的知识。他们应该熟悉高校财务管理的特点和规律,能够运用专业知识解决实际问题,保障高校财务工作的顺利开展。

(2)综合素质的提升

除了专业知识外,高校财务人员还需要具备良好的综合素质,包括沟通能力、团队合作能力、领导能力等。他们需要具备较强的组织协调和应变能力,能够适应不同的工作环境和工作压力,为高校财务管理提供全方位支持。

(3)独立思考与创新能力的培养

当面对复杂的财务问题时,高校财务人员需要具备独立思考和创新解决问题的能力。他们应该能够分析问题、提出解决方案,并灵活运用所学知识,找到适合的解决方法。培养高校财务人员的创新能力,有助于提升高校财务管理效率和水平。

(4)风险管理与决策能力的培养

高校财务管理涉及众多的风险因素,高校财务人员需要具备识别、评估和应对风险的能力。他们应该能够根据风险的不同性质和程度，制定相应的管理策略，降低高校财务风险带来的损失。此外，高校财务人员还需要具备良好的决策能力，能够在复杂的情况下做出准确、果断的决策，为高校的可持续发展提供支持。

（5）专业道德与责任意识的培养

高校财务人员应该具备高度的职业道德和责任意识，严守财务管理的法律法规和职业道德准则，保护高校财产安全，维护高校财务管理的正常秩序。他们应该秉持诚信、公正、勤勉原则，为高校的发展和稳定贡献力量。

通过以上几个方面的培养，高校财务人员将能够全面提升自身素质和能力，更好地适应高校财务管理的需要，为高校的发展和建设提供有力的支持。

（二）财务人才培养与高校发展战略的关系

高校作为教育机构，其发展战略通常涉及提高教育质量、扩大学术声誉、增强影响力、实现可持续发展等方面。财务人才培养与这些战略密切相关。

1. 财务人才培养与高校发展战略的契合点和需求点

（1）契合点

战略规划与执行：财务人才培养需要与高校的战略规划密切相关，确保财务资源的合理配置与支持战略目标的实现。

风险管理与监控：财务人才的培养应当与高校的风险管理策略相结合，以保护高校财务利益，确保财务稳健。

创新与发展：高校的创新与发展需要财务支持，培养具备创新思维和财务智慧的人才，有助于促进高校的可持续发展。

（2）需求点

多样化技能：高校需要财务人才具备多样化的技能，包括财务分析、预算管理、风险评估等，以应对不同的专业挑战。

专业知识与实践经验：财务人才培养需注重理论与实践相结合，使其具备解决实际问题的能力。

领导力与团队合作：高校财务人才需要具备领导力和团队合作精神，能够在复杂环境下协调资源、推动项目实施。

财务人才的培养需求与高校的发展战略密不可分。随着高校管理的专业化和复杂化，对财务人才的需求不断增加。高校需要拥有一支具备专业知识和管理技能的财务团队，以应对日益复杂的财务管理挑战。因此，高校应当注重培养具备财务专业知识和实践能力的人才，以满足高校发展的需要。

2.财务人才培养对于高校整体发展的促进作用

（1）促进财务稳健

风险管理能力提升：培养优秀的财务人才有助于高校建立健全风险管理体系，降低本校面临的财务风险。

财务规范与透明度：培养具备财务规范和透明度意识的人才，有助于提升高校的财务管理水平，增强外部信任度。

（2）支持战略目标实现

资源优化配置：通过培养财务人才，高校能够更好地进行资源优化配置，促进战略目标的实现。

财务策略支持：培养优秀的财务人才有助于为高校战略提供财务支持和决策建议，推动战略目标的落实。

（3）促进创新与发展

财务智慧支持：培养具备财务智慧的人才，有助于高校更好地把握创新机遇，推动科研成果的转化与应用。

投资决策支持：培养优秀的财务人才有助于高校进行有效的投资决策，促进教学、科研和管理等方面的发展。

因此，高校应当重视财务人才的培养工作，加强财务教育和实践能力培养，不断提升财务人才的素质和能力，为高校的可持续发展提供坚实的人才保障。同时，高校还应当不断改进财务管理制度，完善财务管理体系，营造良好的财务管理环境，为财务人才的成长和发展提供良好的平台和条件。

二、高校财务人才培养策略的制定

（一）高校财务人才培养的策略选择与实施路径

1.按需培养与全面发展并重的策略选择

高校在财务人才培养的策略选择上，应该采取按需培养与全面发展并重的策略。这一策略旨在根据不同高校的实际情况和财务部门的需求，灵活确定人才培养的方向和重点，同时注重培养财务人员全面发展的能力和素质。

按需培养意味着根据高校财务部门的实际需求，有针对性地培养具备相关专业知识和技能的人才。根据高效的发展战略、业务需求和人才短缺情况，有针对性地开设课程和项目，培养符合实际需求的财务人才。例如，针对会计、财务管理、预算编制等方面专业知识的深入学习培训，同时结合实际案例和项目，培养财务人员解决实际财务问题的能力。

全面发展则是指在培养财务人才的过程中，注重财务人员的综合素质和能力的培养。除了专业知识和技能外，还应该培养财务人员的沟通能力、团队合作能力、创新能力等，以及良好的职业道德和社会责任感。通过开展社会实践、实训活动等方式，培养财务人员的综合素质，使其具备适应未来高校财务工作和职业发展的能力。

2.财务人才培养的具体策略和路径

高校应该根据本校的特点和财务部门的需求，制订财务人才培养方案。该方案要结合财务行业的发展趋势和需求，设置包括会计、财务管理、税务管理、审计、金融管理等方面的专业课程，同时注重财务人员的综合素质培养，设置包括沟通技巧、团队合作、领导能力等方面的通识教育课程。高校财务人员培养是一项复杂而重要的任务，需要结合专业知识、实践技能和领导能力的培养。以下是具体策略和路径，包括招聘、培训、实践和职业发展等方面。

（1）招聘策略

确定需求：首先，高校需要评估其财务团队的需求，包括财务分析师、会计、审计师等不同岗位的需求量和类型。

设定标准：确定所需员工的技能、经验和教育背景标准，包括财务相关专业的学历要求、专业认证等。

多元化招聘渠道：除了传统的校园招聘和招聘网站外，高校还可以通过专业组织、社交媒体和校友网络等渠道吸引优秀人才。

面试和评估：采用多种面试和评估方法，包括技能测试、案例分析和行为面试，以确保招聘的人才符合岗位要求。

（2）培训计划

基础培训：新员工入职后进行基础培训，包括高校文化、财务流程、软件应用等方面的培训，以帮助他们快速适应工作环境。

专业培训：根据员工的岗位需求和个人发展计划，提供财务管理、财务分析、预算编制等专业培训课程，以提升其专业技能。

领导力发展：针对有潜力的员工，提供领导力发展计划，包括领导力训练、项目管理培训等，帮助他们成长为优秀的财务工作人员和管理者。

（3）实践经验

跨部门轮岗：为员工提供跨部门轮岗的机会，让他们了解整个组织的运作方式，并培养跨职能的工作能力。

项目参与：让员工参与各种项目，如财务系统升级、预算编制、投资评估等，提升他们的实战能力和问题解决能力。

导师制度：建立导师制度，由资深员工或管理者担任新员工的导师，提供指导和支持，帮助他们快速成长。

（4）职业发展

晋升机制：建立明确的晋升机制，根据员工的表现和能力评定晋升路径，提供晋升机会和培训支持。

绩效评估：定期进行绩效评估，根据员工的表现和贡献给予奖励，激励其继续发展。

持续学习：鼓励员工持续学习和自我提升，为员工提供学习资源和培训机会，支持他们不断提升自己的专业能力和领导力。

通过以上策略和路径，高校可以建立一套健康、有序的财务人才培养体系，为学校的财务管理和发展提供稳定可靠的人才支持。

（二）高校财务人才培养策略的适应性和有效性

高校制定财务人才培养策略时，需要考虑其适应性和有效性。这涉及从员工入职开始的培训和发展，以及在职培训和专业发展的持续支持。

1. 制订个性化培训计划

针对每位财务人员的现有技能水平、学历背景和职业目标，制订个性化的培训计划。这包括基础财务知识的强化、专业技能的提升及领导能力的培养等方面。

2. 强调实践操作和案例分析

通过实践操作和案例分析，财务人员可将所学知识应用到实际工作中。这有助于提高他们解决问题和应对挑战的能力，并促进知识的深度理解和长期记忆。

3. 提供持续的专业发展机会

高校为财务人员提供参加行业会议、研讨会、讲座等专业发展机会，以便他们与行业最新趋势和最佳实践保持同步。这有助于不断提升他们的专业水平，为高校财务管理工作作出更大的贡献。

4. 制定评估机制

高校建立有效的评估机制，对财务人员的培训成果进行定期评估和反馈。这可以帮助他们了解自己的进步和不足之处，并及时调整学习计划和目标。

5. 鼓励跨部门合作和知识分享

促进财务部门与其他部门之间的合作与沟通，鼓励财务人员与其他专业人员分享知识和经验。这有助于打破部门之间的壁垒，促进团队合作和知识共享，提高整体工作效率和质量。

6. 持续关注行业变化和技术发展

财务行业和技术不断发展变化，高校财务人员需要保持对行业趋势和技术创新的敏感性。因此，培养策略应该包括定期更新课程内容和教材，以及为财务人员提供学习新技术和工具的机会。

7. 奖励优秀表现

高校建立激励机制，对表现优秀的财务人员给予奖励和认可，以鼓励他们的积极进取和持续学习。这可以激发员工的工作积极性和敬业精神，推动整个团队的发展和进步。

以上措施的综合实行，可以提高高校财务人员培养策略的适应性和有效性，使其更好地满足高校财务管理工作的需求，促进高校财务管理工作的持续发展和提升。

第二节 高校财务队伍建设的机制与保障

一、高校财务队伍建设机制的构建

（一）高校财务队伍建设的组织机构和管理体系

1. 高校财务队伍建设的组织架构

（1）厘清财务部门与其他部门的关系与协作机制

在高校财务队伍建设的组织架构中，财务部门应当与其他部门建立紧密的关系与协作机制，以实现高校财务工作的高效运转和全面发展。首先，财务部门应当与高校领导班子形成密切联系，充分了解高校的发展战略和规划，以确保财务工作与高校整体发展目标相一致。其次，财务部门应当与教学科研部门建立良好的沟通渠道，及时了解项目经费使用情况、科研成果转化情况等，以保障教学科研工作的顺利进行。此外，财务部门还应当与后勤保障部门、人力资源部门等其他部门建立协作机制，共同推动高校各项事务的协调运作。

在财务部门与其他部门的关系中，需要强调的是沟通与协作的重要性。财务部门应当主动与其他部门进行沟通，了解各部门的需求和问题，并积极提供解决方案和支持。同时，财务部门还应当加强与其他部门的协作，形成合力，共同推动高校各项事业的发展。在具体操作中，可以建立定期会议制度，召开高校各部门之间的联席会议，共同研究解决各项工作中的难题，促进各部门之间的交流与合作。

（2）进行财务人员的岗位设置和职责分工

高校财务队伍建设的关键之一是合理设置财务人员的岗位，并明确其职责分工，以确保财务工作的有序进行和高效运转。在制定财务人员的岗位设置和职责分工时，高校需要考虑财务工作的特点和需求，合理配置人力资源，充分发挥每个人员的专业优势和工作潜力。

首先，应当设立财务部门的领导岗位，如财务主管或财务总监，负责全面管理工作。

其次,应当设置财务核算岗位,负责财务核算、预算编制、财务报表的编制和分析等工作。还应当设置资金管理岗位,负责高校资金的筹措、管理和使用。同时,还应当设置审计监督岗位,负责对高校各项经济活动进行审计监督,及时发现并纠正问题。

最后,应当设置财务管理信息系统岗位,负责财务管理信息系统的建设和维护,提高财务管理工作的信息化水平。

在财务人员的岗位设置和职责分工中,需要强调的是协同配合和互补性。各个岗位之间应当密切合作,形成合力,共同完成高校财务工作的各项任务。同时,还应当注重人才培养和选拔,不断提高财务人员的专业素质和工作能力,为高校财务队伍建设提供强有力的人才保障。

综上所述,高校财务队伍建设的组织机构和管理体系是实现高校财务工作科学管理和高效运转的重要保障。通过合理构建组织架构,高校明确财务人员的岗位设置和职责分工,加强与其他部门的关系与协作,可以有效提高高校财务工作的水平和质量,推动高校各项事业的顺利发展。

2.建立高校财务队伍的管理体系

建立高校财务队伍的管理体系是确保高校财务工作高效运转的关键举措之一。一个健全的管理体系可以有效地规范财务人员的行为,提高财务管理水平,确保财务资源的合理利用。

(1)高校财务人员的管理流程和职业发展通道

管理流程设计:

①招聘与选拔。

制定招聘标准:确定需要的技能、经验和教育背景。

广泛招聘:通过校园招聘、网络招聘等多种渠道吸引人才。

面试和评估:设立面试小组进行面试,结合笔试、面试和案例分析等方式综合评估候选人。

②入职培训。

初级培训:介绍高校财务管理的基本原则、政策法规和相关系统操作。

岗位培训:针对具体岗位的技能培训,帮助新员工尽快适应工作。

③绩效考核。

设立考核指标：明确财务人员的工作目标和评价标准，包括工作成果、专业技能、团队合作等方面。

定期评估：每半年或每年进行一次绩效评估，与员工进行沟通反馈，指导其职业发展方向。

④晋升与调岗。

根据绩效和岗位要求，评定员工的晋升资格。

提供晋升机会：通过内部晋升、跨部门调岗等方式，激励员工提升自我。

职业发展通道设计：

①初级岗位。

财务助理/会计：负责日常财务核算、报账等基础工作。

②中级岗位。

财务主管/会计师：负责部门的财务管理和报表编制，具有一定的管理能力和专业技能。

资深财务分析师：负责财务数据分析和预测，为决策提供支持。

③高级岗位。

财务总监/财务经理：负责整个高校财务管理的规划和执行，参与重要决策。

高级财务顾问：提供财务战略咨询，指导高校财务发展方向。

（2）高校财务人员的评价标准和激励机制

评价标准：

①工作业绩。准确、及时完成财务报表；实现预算控制和财务指标目标。

②专业能力。拥有扎实的财务知识和技能，能够独立分析和解决财务问题。

③团队合作。积极配合其他部门，完成跨部门合作项目；具有良好的沟通和协调能力。

④学习与成长。持续学习新知识，提高专业水平；积极参与培训和项目，提升能力和经验。

激励机制：

①薪酬激励。绩效工资，即根据绩效评定结果给予相应的薪酬调整；岗位津

贴，即根据岗位职责和难度给予相应津贴。

②晋升机制。岗位晋升，即根据绩效和岗位要求提供晋升机会；职称评定，即通过职称评定提升员工的职业地位和待遇。

③培训发展。提供专业培训和学习机会，支持员工持续成长；为员工制定个性化的职业发展规划提供指导和支持。

（二）财务队伍建设机制中的激励和约束措施

1. 激励机制的建立

（1）财务人员的激励方式

高校在建立财务队伍的激励机制时，需要考虑财务人员的职业特点和工作性质，以及激励方式的多样性，从而确保激励措施的有效性和可持续性。

薪酬激励：薪酬作为最基本的激励手段之一，在财务队伍建设中具有重要作用。高校可以采取绩效工资、年终奖金、股权激励等方式，根据个人和团队的绩效表现给予相应的薪酬激励。例如，高校制定明确的绩效评价体系，将薪酬与绩效考核挂钩，激励员工提高工作效率和质量。

职业晋升机制：建立健全职业晋升通道，为财务人员提供广阔的发展空间和机会。通过晋升加薪、职务提升等方式，高校激励员工不断提升自身素质和能力，为企业发展贡献更大的价值。同时，要注重公平公正，避免出现"职场潜规则"，确保每位员工都有公平的晋升机会。

培训与发展：提供各类培训和学习机会，帮助财务人员不断提升专业技能和知识水平。高校可以组织内部培训、外部进修、跨部门交流等形式，让员工在工作中不断成长，增强其归属感和满足感。

工作环境和福利：营造良好的工作氛围和人文环境，为财务人员提供舒适的工作条件和完善的福利待遇。关注员工的身心健康，提供弹性工作制度、健康保障、员工关怀等福利，提升员工的工作幸福感和归属感。

（2）激励机制对于财务人才的吸引和留存作用

有效的激励机制不仅能够吸引优秀的财务人才加入高校，更能够留住他们，提高其工作积极性和忠诚度，从而保持财务队伍的稳定和持续发展。

首先，激励机制能够提升高校的吸引力。通过提供有竞争力的薪酬待遇、广阔的晋升空间和良好的工作环境，高校能够吸引更多的优秀财务人才，满足进一步发展需求。

其次，激励机制有助于提高财务人才的工作积极性和创造性。通过激励措施，可以激发员工的工作激情，激励他们不断提升工作业绩和贡献，推动高校实现业务目标和发展战略。

最后，激励机制有利于提高财务人才的忠诚度和留存率。良好的薪酬福利待遇、晋升机会和职业发展空间，能够增强员工对企业的认同感和忠诚度，减少员工流失率，保持财务队伍的稳定性和连续性。

综上所述，建立科学合理的财务人员激励机制，对于吸引和留住优秀的财务人才具有重要意义，是高校持续发展的关键之一。高校应该根据自身的特点和需求，结合员工的实际情况，制定切实可行的激励政策，不断优化完善，提升财务队伍的整体素质和竞争力。

2. 约束措施的落实

随着高校财务管理的日益复杂和重要性的提升，高校财务队伍要想保持廉洁和稳健运行，必须采取一系列约束措施。本部分将就高校财务人员的职业道德规范和行为准则制定及强化监督和考核机制这两部分内容展开讨论。

（1）高校财务人员的职业道德规范和行为准则制定

高校在确立财务人员的职业道德规范和行为准则时，需要考虑以下几个方面：

廉洁诚信：高校财务人员应当坚守廉洁自律，诚实守信，不得以任何形式收受贿赂或从事其他违法违纪行为。

公正公平：在处理财务事务时，高校财务人员应当秉持公正公平原则。

保密义务：高校财务人员需严守财务信息的保密义务，不得泄露学校财务机密。

责任担当：高校财务人员应当承担自己的职责，勇于担当，积极解决问题。

学习提升：为适应不断变化的财务管理环境，高校财务人员应当不断学习提升自己的专业知识和技能。

与师德相统一：高校财务人员的职业道德应与师德相统一，体现了对教育事业的忠诚和热爱。

以上原则应当贯穿于职业道德规范和行为准则的制定过程中，并通过教育培训等方式加以宣传和推广，使其成为高校财务人员行为的基本准则和规范。

（2）强化监督和考核机制

高校财务队伍要想保持廉洁和稳健运行，必须建立健全监督和考核机制，具体包括：

建立内部控制体系：高校应当建立健全财务管理内部控制体系，明确各项财务管理职责和权限，确保财务管理工作的规范和有效进行。

加强监督检查：高校应建立定期检查和抽查制度，对财务管理工作进行监督检查，及时发现和纠正问题。

完善审计制度：高校应建立健全内部审计制度，对财务管理工作进行全面审计，发现问题并提出改进意见。

强化问责机制：高校应对于财务管理工作中的失职失责行为，依法依规追究责任，形成强有力的问责机制。

加强外部监督：高校应通过引入第三方机构进行外部监督，增强对高校财务管理的监督力度，提高监督效果。

建立激励机制：高校应对表现突出的财务人员给予适当的奖励和激励，激发其工作积极性和创造性。

以上措施需要高校财务管理部门和相关职能部门密切配合，形成合力，共同推动约束措施的落实。高校只有通过不断强化约束措施，才能有效确保财务队伍的廉洁和稳健运行，为高校的健康发展提供有力保障。

高校通过财务人员的职业道德规范和行为准则制定，以及强化监督和考核机制，有效约束财务人员的行为，确保他们廉洁从业、规范操作，为高校的可持续发展提供坚实的财务保障。

二、高校财务队伍建设的保障措施

（一）财务员工培养的资源保障和政策支持

在高校财务队伍建设中，财务员工的培养是至关重要的环节。为了确保财务队伍的健康发展和高效运转，必须有充足的资源保障和政策支持。

1. 资源保障

（1）专业培训机构资源支持

高校可以与专业培训机构建立合作关系，为财务人员提供专业培训资源。这些培训机构可以提供丰富多样的培训课程，涵盖财务管理、会计法规、财务软件应用等方面的知识。通过培训，财务人员可以不断提升自己的专业水平，适应不断变化的财务管理需求。

（2）校内培训资源建设

高校建立完善的校内培训资源体系，包括财务管理专业课程、工作坊、讲座等形式。通过这些资源，财务人员可以在校内获取系统的培训，提高自身能力。

（3）财务信息化建设

投资建设财务信息化系统，为财务人员提供便捷高效的工作平台。信息化系统不仅提高财务工作效率，还为财务人员提供实时、准确的数据支持，帮助他们更好地开展工作。

（4）学术资源支持

高校可以邀请国内外财务管理领域的专家学者来校开展学术交流和研讨活动，为财务人员提供学术资源支持。通过与专家学者的交流互动，财务人员可以了解最新的理论研究成果和实践经验，拓展自己的视野，提升专业水平。

2. 政策支持

在财务员工培养的资源保障和政策支持方面，高校需要综合考虑各种因素，制定科学合理的政策和措施，为财务人员的培养提供良好的保障和支持，促进财务队伍的健康发展和高效运转。

（1）人才引进政策

高校应制定并实施人才引进政策，吸引优秀的财务人才加入学校财务队伍。这包括提供良好的薪酬待遇、住房补贴、子女教育支持等福利，以及提供广阔的职业发展空间和晋升机会等方面的支持。

（2）职称评定政策

高校应建立健全职称评定制度，为财务人员提供晋升渠道和发展机会。通过评定职称，激励财务人员不断提升自己的专业水平和工作能力，实现个人价值和职业发展。

（3）绩效考核政策

建立科学合理的绩效考核制度，将绩效考核与薪酬激励相结合，激发财务人员的工作积极性和创造力。绩效考核可以根据财务人员的工作业绩、专业能力、团队合作等方面进行评价，公平公正地给予奖励和提升。

（4）学历提升政策

高校应制定学历提升政策，为在职财务人员提供继续教育的机会。通过学历提升，财务人员可以不断充实自己的知识储备，提高自身竞争力，实现个人的职业发展目标。

在资源保障和政策支持的基础上，高校财务队伍建设能够充分发挥其作用，为高校的财务管理和发展提供有力支持。

（二）保障措施对于财务队伍建设的作用和影响

高校财务队伍建设是高校管理工作中至关重要的一环。在这个过程中，保障措施对于财务队伍的建设起至关重要的作用。这些措施不仅可以提高财务人员的专业水平和工作效率，还可以激发他们的工作积极性和创造力，促进财务队伍的健康发展和高效运转。

首先，资源保障措施的实施对财务队伍建设起重要的支撑作用。通过提供丰富多样的培训资源，包括专业培训机构资源和校内培训资源，财务人员可以不断充实自己的知识储备，提高专业水平。专业培训机构提供的培训课程涵盖了财务管理、会计法规、财务软件应用等方面的知识，可以帮助财务人员跟上行业发展的新趋势，适应不断变化的财务管理需求。同时，校内培训资源的建设为财务人员提供了便利的学习平台，以便于他们可以在校内参加各种形式的培训活动，与同行交流经验，共同进步。

其次，财务信息化建设对于提升财务队伍建设的效率和水平起到至关重要的作用。信息化系统的投资建设可以提高财务工作效率和准确性，降低财务处理的时间成本和人力成本，从而释放出更多人力资源用于财务队伍的培训和发展。信息化系统不仅可以帮助财务人员快速准确地完成日常财务处理工作，还可以为他们提供实时、准确的数据支持，帮助他们更好地进行决策和分析。通过信息化系统，财务人员可以实现财务数据的集中管理和共享，提高工作效率，降低工作风险，为财务队伍建设提供强有力的支撑。

最后，学术资源和政策支持的提供也对财务队伍建设起到了积极的促进作用。政策支持方面的措施也为财务队伍建设提供了有力的保障。例如，人才引进政策可以吸引优秀的财务人才加入高校财务队伍，职称评定政策可以为财务人员提供晋升渠道和发展机会，绩效考核政策可以激励财务人员提高工作效率和工作质量，学历提升政策可以为在职财务人员提供继续教育的机会，为他们提供个人发展的空间和机会。

总的来说，资源保障和政策支持对于高校财务队伍建设具有重要的作用。这些措施不仅可以提高财务人员的专业水平和工作效率，还可以激发他们的工作积极性和创造力，促进财务队伍的健康发展和高效运转。因此，高校应该高度重视财务队伍建设，制定科学合理的政策和措施，为财务人员的培养和发展提供良好的保障和支持，助力高校财务管理工作的持续发展。

第八章 高校财务信息化建设

第一节 高校财务信息化的基本概念

一、高校财务信息化的定义与范畴界定

（一）高校财务信息化的含义和基本概念

1. 高校财务信息化的含义

在当今数字化时代，高校财务信息化已经成为推动高校管理现代化的重要手段之一。高校财务信息化指的是将现代信息技术应用于高校财务管理的过程，通过信息化技术手段对高校的财务数据进行采集、存储、处理和传递，以实现高效、准确、及时地管理和决策。具体来说，高校财务信息化包括财务管理系统、财务数据的电子化、财务流程的自动化、财务决策的智能化等方面，涵盖了财务管理的各个环节。

2. 高校财务信息化的基本概念

高校财务信息化是指将现代信息技术与高校财务管理相结合，运用计算机、网络、数据库等技术手段，对高校财务活动进行信息化处理和管理的过程。它旨在提高高校财务管理效率和水平，优化资源配置，服务于高校的教学科研和发展建设。其基本概念可以概括为三个方面。

信息化：信息化是指利用信息技术手段对信息进行采集、存储、处理、传输和利用的过程。在高校财务管理中，信息化是指将财务管理过程中的各种信息转化为数字化的形式，并通过计算机系统进行管理和运用。

财务管理：财务管理是指对高校财务活动进行计划、组织、指导、协调、控

制和评价的过程。它包括预算管理、会计核算、资金管理、资产管理等内容，是高校管理的重要组成部分。

高校财务信息化：高校财务信息化是将信息化技术应用于高校财务管理的过程。它包括财务数据的电子化、财务流程的自动化、财务决策的智能化等内容，旨在提高高校财务管理效率和水平，促进高校的可持续发展。

3.高校财务信息化在高校管理中的作用

高校财务信息化在高校管理中发挥重要作用，主要体现在以下四个方面。

提高管理效率：高校财务信息化能够实现财务数据的快速采集、准确存储和及时处理，大大提高了财务管理效率。管理人员可以通过系统快速获取各类财务报表和分析数据，及时了解财务状况，为管理决策提供科学依据。

优化资源配置：高校财务信息化可以实现对资源的有效配置和利用，通过财务数据的分析和比对，发现资源使用中的浪费和不足之处，及时调整和优化资源配置，提高资源利用效率，降低管理成本。

加强内部控制：高校财务信息化建立了完善的财务管理制度和内部控制体系，通过权限设置、审批流程等手段，加强对财务活动的监督和控制，有效防止财务风险的发生，保障高校财务安全。

提升服务水平：高校财务信息化可以实现财务管理的网络化和智能化，通过在线支付、电子票据等方式，提高财务服务的便利性和效率，满足师生员工的各类财务需求，提升高校的服务水平和形象。

4.高校财务信息化的内涵和外延

内涵：高校财务信息化的内涵是指高校财务管理过程中涉及的各个环节和内容。它包括财务数据的电子化、财务流程的自动化、财务决策的智能化等方面，是高校财务管理现代化的重要体现。

外延：高校财务信息化的外延是指高校财务信息化所覆盖的范围和领域。它包括财务管理系统建设、财务数据处理和应用、财务管理人员培训和素质提升等内容，涵盖了高校财务管理的各个方面。

综上所述，高校财务信息化作为推动高校管理现代化的重要手段，具有重要的理论意义和实践价值。只有不断深化高校财务信息化建设，充分发挥信息化技术在财务管理中的作用，才能更好地适应高校管理的需要，推动高校财务管理水平的提升，实现高校可持续发展目标。

（二）高校财务信息化的内容和范畴

高校财务信息化是指运用信息技术手段对高校财务管理进行系统化、信息化的管理方式。其具体内容和范畴涉及六个方面。

（1）财务核算

财务核算是高校财务管理的基础，财务信息化系统需要包括会计凭证的录入、总账、明细账、科目余额表、资产负债表、利润表等财务报表的生成，以及相关的财务分析功能。通过财务核算模块，高校能够实现对经济活动的记录、分析和汇总，为管理决策提供准确可靠的数据支持。

（2）预算管理

高校财务信息化系统应当包括预算编制、执行、调整和控制等预算管理功能。通过预算管理模块，高校可以有效地制订财务计划和预测，合理分配资金，提高资源利用效率，实现财务目标。

（3）资金管理

资金管理模块涵盖资金流入、流出的管理，包括对收入、支出、资金调拨、资金结余等方面的监控和控制。通过资金管理功能，高校可以实现资金的合理使用，确保资金安全和流动性。

（4）采购管理

采购管理是高校日常运作中的重要环节，财务信息化系统需要包括采购申请、审批、采购订单、供应商管理、采购支付等功能。通过采购管理模块，高校能够规范采购流程，提高采购效率，降低采购成本，确保采购活动的合规性和透明度。

（5）成本管理

成本管理模块涉及对各项成本的核算、分析和控制，包括直接成本、间接成本、固定成本、变动成本等方面。通过成本管理功能，高校可以了解各项成本构成，优化成本结构，提高资源利用效率，降低成本费用，增强财务营利能力。

（6）绩效评价

绩效评价是高校财务管理的重要内容，财务信息化系统包括对财务绩效和业务绩效的评价功能。通过绩效评价模块，高校可以对财务和业务目标的实现情况进行评估，发现问题和改进空间，提高管理效率和绩效水平。

综上所述，高校财务信息化涵盖的内容和范畴非常丰富，应用领域和范围广泛，对于提高高校管理效率、优化资源配置、推动管理创新和发展具有重要意义。

二、高校财务信息化的重要性和必要性

（一）财务信息化对高校管理的推动作用和影响

随着社会经济的发展和科技的进步，高校作为教育培养和科学研究的重要机构，其管理工作日益复杂和繁重。在这样的背景下，财务信息化作为一种现代化管理手段，对于提升高校管理水平、优化资源配置、提高工作效率具有重要的推动作用，产生深远的影响。

第一，财务信息化为高校管理提供更为精准的数据支持。传统的手工录入和处理财务数据容易出现错误，而财务信息化系统能够自动化地记录、汇总和大量分析财务数据，保证数据的准确性和完整性。这为高校管理者提供了可靠的决策依据，使他们能够更准确地把握高校的财务状况，及时调整经营策略，做出科学合理的决策。

第二，财务信息化提高高校管理的效率和便捷性。传统的手工财务管理需要大量的人力和物力，而财务信息化系统的使用能够实现财务管理的自动化和智能化。例如，财务软件可以自动生成财务报表、对账单等，大大减少了管理人员的工作量，提高了工作效率。同时，财务信息化系统的网络化特点使得管理者可以随时随地通过互联网访问财务数据，实现远程管理，极大地方便了高校管理的实施和监督。

第三，财务信息化促进高校财务管理的规范化和透明化。财务信息化系统能够建立完善的财务管理流程和制度，规范了财务管理的各个环节，避免了管理漏洞和风险。同时，财务信息化系统的透明特点使财务数据更加清晰和可追溯，便于高校内外部人员对财务状况进行监督和评估，增强了高校的社会信誉和公信力。

第四，财务信息化助力高校实现信息资源共享和整合。财务信息化系统能够

实现与其他管理系统的数据对接和共享，使高校的各项管理工作能够实现信息交互和整合。例如，财务信息化系统可以与人事管理系统、采购管理系统等进行数据对接，实现信息的无缝衔接，提高了管理效率和资源利用效率。

综上所述，财务信息化对于推动高校管理具有不可替代的作用。通过提供精准的数据支持、提高管理效率、规范财务管理、促进信息资源共享等方面的功能，财务信息化为高校管理者提供了强有力的工具和手段，助力高校实现科学规范、高效便捷的管理模式，推动高校不断提升综合实力和服务水平，实现高质量发展。因此，财务信息化在高校管理中的应用具有重要意义和必要性。

（二）财务信息化在提高管理效率和提质增效方面的优势

随着信息技术的迅速发展，财务信息化已成为现代高校财务管理中的重要组成部分。财务信息化的优势和意义不仅体现在提高管理效率和提质增效方面，更影响高校的财务运作和决策过程。本部分探讨财务信息化在高校财务管理中的优势和价值及其对提高管理效率和提质增效的实际效果和意义。

1. 财务信息化在高校财务管理中的优势和价值

数据集中管理和共享：财务信息化系统将高校财务数据集中存储在一个平台上，实现了数据的统一管理和共享。这样一来，不同部门之间的沟通和协作变得更加高效，避免了信息孤岛和重复录入数据的情况，提高了数据的准确性和一致性。

实时监控和分析：财务信息化系统可以实时监控和分析高校的财务状况，包括收支情况、资产负债表、利润表等。管理人员可以随时查看财务数据，及时发现问题并采取相应措施，提高了对财务运作的监控能力和决策效率。

自动化处理和流程优化：财务信息化系统可以实现财务处理流程的自动化，包括财务报表的生成、审批流程的管理等。这样不仅节省了人力资源，还降低了错误和延误的可能性，提高了工作效率和质量。

风险管理和合规性监督：财务信息化系统可以帮助高校管理人员及时发现潜在的风险和问题，并采取相应措施加以应对。同时，系统还可以提供合规性监督功能，确保高校财务管理活动符合相关法律法规和政策要求，降低了管理风险。

数据分析和决策支持：财务信息化系统可以通过数据分析功能为高校管理人

员提供决策支持，帮助他们制定更加科学和合理的财务策略和计划。通过对历史数据和趋势的分析，管理人员可以更好地预测未来的发展趋势，优化资源配置，提高管理效率和提质增效。

2. 财务信息化对提高管理效率和提质增效的实际效果和意义

提高工作效率：财务信息化系统的应用大大提高了高校财务管理工作效率。例如，自动化处理流程减少了人工操作的时间和成本，实时监控功能使管理人员能够及时了解财务状况，从而更快地做出决策和调整。

降低管理成本：财务信息化系统的应用可以降低高校的管理成本。通过自动化处理流程和数据共享，减少人力资源和物力资源的浪费，提高资源利用效率，从而降低管理成本。

提高管理水平：财务信息化系统为高校管理人员提供了更加科学和准确的数据支持，使他们能够更好地制定战略规划和财务决策。同时，系统还可以帮助管理人员发现和解决潜在的问题，提高管理水平和决策质量。

优化资源配置：财务信息化系统通过数据分析功能可以帮助高校管理人员优化资源配置，实现资源的合理配置和高效利用。通过对财务数据的分析，管理人员可以及时调整资源配置方案，避免资源的浪费和闲置，从而提高资源利用效率和质量。

提高服务质量：财务信息化系统的应用可以提高高校财务管理服务质量。通过实时监控和数据分析功能，系统可以及时发现并解决问题，提高服务的及时性和准确性，增强用户的满意度和信任度。

总体而言，财务信息化在提高管理效率和提质增效方面具有显著的优势和价值。通过数据集中管理和共享、实时监控和分析、自动化处理和流程优化、风险管理和合规性监督、数据分析和决策支持等功能，财务信息化系统为高校管理人员提供了强大的工具和支持，帮助他们更好地管理财务活动，提高管理效率和提质增效。随着信息技术的不断发展和应用，财务信息化将在高校财务管理中发挥越来越重要的作用，为高校的可持续发展提供强有力的支持和保障。

第二节　高校财务信息系统的构建与应用

一、财务信息系统建设的原则

(一) 财务信息系统建设的基本原则和方法

1. 系统性原则

(1) 财务信息系统建设需要具备的系统性特征

财务信息系统建设是一个系统工程，它需要具备系统性特征以确保其高效、稳定地运行，并为高校的财务管理提供可靠的支持和保障。系统性特征主要包括以下几个方面。

完整性：财务信息系统应当覆盖高校财务管理的各个方面，包括预算编制、资金管理、会计核算、财务报告等环节，确保信息的全面性和完整性，满足高校财务管理的全面需求。

一体化：财务信息系统应当将各个子系统有机地整合在一起，实现信息共享和资源集中管理，避免信息孤岛和重复建设，提高系统的整体效益。

灵活性：财务信息系统应当具有一定的灵活性和可扩展性，能够根据高校财务管理的实际需求进行定制和调整，保持系统与业务的匹配度。

安全性：财务信息系统建设必须重视信息安全，采取严格的权限控制、数据加密等措施，确保财务信息的保密性、完整性和可靠性，防范各类安全风险和威胁。

稳定性：财务信息系统应当具有良好的稳定性和可靠性，能够持续稳定地运行，保障高校财务管理工作的正常开展，降低系统故障和停机的风险。

(2) 系统性原则在系统设计和实施中的应用

在财务信息系统的设计和实施过程中，需要遵循系统性原则，以确保系统能够满足高校财务管理需求，并发挥其最大的效益。

其一，进行系统需求分析，充分了解高校财务管理的业务流程和信息需求，明确系统的功能和性能要求，为系统设计提供基础和方向。

其二，进行系统架构设计，设计合理的系统结构和模块划分，确保系统各部分之间的协调配合和信息流畅，提高系统的整体效率和可维护性。

其三，注重系统集成和数据交互，将各个子系统有机地整合在一起，实现信息共享和流程优化，提高财务管理效率和准确性。

其四，加强系统运行管理和维护，建立完善的系统监控和故障处理机制，及时发现和解决系统问题，确保系统能够稳定可靠地运行。

其五，重视系统的安全保障，采取多层次、多方面的安全措施，保护财务信息的安全性和保密性，防范各类安全风险。

综上所述，财务信息系统建设需要遵循系统性原则，具备完整性、一体化、灵活性、安全性和稳定性等特征，通过系统需求分析、架构设计、集成实施、运行管理和安全保障等环节的综合应用，确保系统能够为高校财务管理提供可靠的支持和保障，推动高校财务管理工作的现代化和信息化水平的提升。

2. 先进性原则

财务信息系统作为高校的重要管理工具，其建设需要采用先进的技术和方法，以确保系统的性能和效率。

（1）财务信息系统建设需要具备先进的技术和方法

数据挖掘技术：数据挖掘技术是财务信息系统中的关键技术之一，数据挖掘技术包括聚类分析、分类分析、关联规则挖掘等方法，通过对海量数据进行分析和挖掘，发现其中的规律和趋势，可以为高校的财务决策提供支持和参考。

人工智能技术：人工智能技术在财务信息系统中的应用日益广泛，包括机器学习、自然语言处理、专家系统等。通过人工智能技术，财务信息系统可以自动化处理数据、识别异常、进行预测分析等，提高数据处理效率和准确性，减少人为错误的发生。

云计算技术：云计算技术为财务信息系统建设提供了新的解决方案，可以实现资源共享和动态调配，提高系统的灵活性和可扩展性。通过云计算技术，高校可以将财务信息系统部署在云端，随时随地进行访问和管理，降低系统运行的成本和风险。

大数据技术：随着数据量的不断增加，财务信息系统面临着数据处理和存储的挑战，大数据技术应运而生。大数据技术包括分布式存储、并行计算、实时处理等技术，可以帮助财务信息系统高效地处理大规模数据，提高系统的性能和响应速度。

安全技术：财务信息系统包含大量的敏感信息，如财务数据、客户信息等，因此安全技术至关重要。先进的安全技术包括数据加密、访问控制、安全审计等，可以保护财务信息系统免受恶意攻击和数据泄露的威胁，确保系统的稳定运行和数据的安全性。

（2）先进性原则对系统性能和效率的影响

提高系统的处理能力：采用先进的技术和方法可以提高财务信息系统的处理能力，包括数据处理能力、计算能力、存储能力等。例如，高校通过云计算技术和大数据技术，可以实现对大规模数据的高效处理和存储，提高系统的整体性能。

提高数据的质量和准确性：先进的技术和方法可以提高财务信息系统中数据的质量和准确性，减少数据错误和冗余。例如，高校通过数据挖掘技术和人工智能技术，可以自动清洗数据、识别异常数据，进行准确的预测分析，做出正确决策。

增强系统的安全性和稳定性：先进的安全技术可以加强财务信息系统的安全性和稳定性，保护系统免受外部攻击和内部泄漏的威胁。例如，高校通过数据加密技术和访问控制技术，可以保障敏感数据的保密性和完整性，确保系统在面对各种安全威胁时能够保持稳定运行。

提高用户的满意度和使用体验：先进的技术和方法可以提高财务信息系统的用户体验，增强用户的满意度和使用欲望。例如，高校通过人工智能技术和自然语言处理技术，可以实现对用户需求的智能识别和响应，为其提供个性化服务和建议，使用户更加愿意使用系统进行工作和决策。

降低系统运行成本和风险：采用先进的技术和方法可以降低财务信息系统的运行成本和风险，提高系统的经济效益和可持续发展能力。例如，高校通过云计算技术和虚拟化技术，可以降低系统的硬件投入和维护成本，同时提高系统的灵活性和可扩展性，降低系统运行的风险和不确定性。

总的来说，财务信息系统建设需要具备先进的技术和方法，包括数据挖掘技术、人工智能技术、云计算技术、大数据技术和安全技术等。先进性原则对系统性能和效率产生重要影响，可以提高系统的处理能力、数据质量和准确性，加强系统的安全性和稳定性，提高用户满意度和使用体验，同时降低系统的运行成本和风险，促进高校的可持续发展。因此，在财务信息系统建设过程中，应始终遵循先进性原则，不断引入新技术和新方法，提升系统的整体水平和竞争力。

3.敏捷性原则

在高校财务信息系统建设中，敏捷性原则是至关重要的。本部分将探讨敏捷开发和快速迭代在财务信息系统建设中的重要性，并分析敏捷性原则对系统灵活性和适应性的意义。

（1）财务信息系统建设中敏捷开发和快速迭代的重要性

满足快速变化的需求：高校财务环境常常面临着快速变化的需求，如政策法规的更新、财务管理模式的调整等。采用敏捷开发和快速迭代的方法可以更及时地响应这些变化，确保系统最大限度满足用户需求。

降低开发成本和风险：传统的软件开发往往需要详细规划和较长的开发周期，而敏捷开发则可以将系统的功能模块拆分成较小的部分，并通过迭代的方式逐步完善，从而降低开发过程中的成本和风险。

增强用户参与度：敏捷开发注重与用户的密切合作，通过频繁的沟通和反馈，确保系统的设计与实际需求相符，提高用户的参与度和满意度。

提高系统质量：快速迭代可以让开发团队及时发现和修复系统中的问题，从而提高系统的稳定性和可靠性，保障财务信息的准确性和安全性。

（2）敏捷性原则对系统灵活性和适应性的意义

灵活性：敏捷性原则鼓励系统采用模块化的设计和开放式的架构，使系统的各个功能模块可以独立开发、测试和部署。这样一来，当出现新的需求或变化时，只需对相应的模块进行调整和扩展，而不会影响整个系统的稳定性和运行效率，从而提高系统的灵活性。

适应性：高校财务信息系统面临着复杂多变的外部环境，如政策法规变化、技术更新等。敏捷性原则要求系统具有较强的适应能力，能够快速响应外部环境的变化，并及时调整系统的功能和业务流程，以满足用户的需求。通过快速迭代和持续交付的方式，系统可以不断演化和改进，保持与时俱进，提高系统的适应性。

用户体验：敏捷性原则注重用户的需求和反馈，通过频繁的用户测试和产品演示，确保系统的设计和功能能够真正满足用户的需求，提高用户的体验和满意度。同时，敏捷开发还可以及时修复和优化系统中存在的问题，进一步提升用户体验。

综上所述，敏捷性原则在高校财务信息系统建设中具有重要意义。通过敏捷开发和快速迭代，高校可以更好地满足快速变化的需求，降低开发成本和风险，增强用户参与度，提高系统质量。而敏捷性原则对系统的灵活性和适应性要求，则可以保证系统具有较强的适应能力，能够快速响应外部环境的变化，并不断改进和优化系统的功能和用户体验，从而更好地服务于高校的财务管理工作。

（二）信息系统与高校财务业务的融合路径和策略

在当今信息化浪潮的推动下，高校财务管理逐渐向数字化、智能化的方向发展。信息系统与高校财务业务的融合，不仅可以提高财务管理效率和精确性，还能够为高校决策提供更可靠、全面的数据支持。本部分将从数据融合策略的角度出发，探讨如何实现高校财务信息系统与各类财务数据的无缝融合，并分析数据融合对高校财务管理决策的支持作用。

1. 数据融合策略

（1）如何实现高校财务信息系统与各类财务数据的无缝融合

高校财务信息系统与各类财务数据的无缝融合是实现数字化管理的关键一步。为了达成这一目标，可以采取以下策略：

建立统一的数据标准和格式：在整个高校财务系统中，各类财务数据往往来自不同的部门和系统，数据的格式和标准存在差异。为了实现无缝融合，需要建立统一的数据标准和格式，确保不同数据源之间的兼容性和一致性。

采用先进的数据集成技术：利用先进的数据集成技术，可以实现不同系统之间的数据共享和交换。可以通过数据转换工具将各类数据源中的数据抽取出来，进行转换和清洗，然后加载到统一的数据仓库中，实现数据的统一管理和查询。

构建智能化的数据处理平台：借助人工智能和大数据技术构建智能化的数据处理平台，实现对财务数据的自动化处理和分析。通过建立数据模型和算法，实现对财务数据的智能识别、分类和分析，为高校财务管理提供更深入的洞察和决策支持。

加强数据安全保障措施：在数据融合过程中，数据安全是至关重要的。高校需要加强数据安全保障措施，确保财务数据的保密性、完整性和可用性。可以采用加密、权限控制、审计等手段，防止数据泄露和非法访问。

（2）数据融合对高校财务管理决策的支持作用

数据融合对高校财务管理决策的支持作用主要体现在以下几个方面：

提高决策的准确性和效率：通过数据融合，高校可以将各类财务数据集中到统一的平台上，为高校财务管理人员提供全面、准确的数据支持。管理人员可以通过分析这些数据，全面地了解高校的财务状况，及时发现问题和隐患，从而做出更加准确、有效的决策。

优化资源配置和利用：数据融合可以帮助高校实现对资源的全面监控和管理。通过对各类资源的数据进行整合和分析，高校可以发现资源利用的潜在问题和瓶颈，进而优化资源配置和利用方案，提高资源利用效率，降低成本。

支持预测性分析和战略规划：借助数据融合平台的强大分析能力，高校可以进行更加深入的预测性分析和战略规划。通过对历史数据和趋势的分析，高校可以预测未来的财务走势和发展趋势，为高校的战略规划和决策提供重要参考。

加强风险管理和内控：数据融合可以帮助高校建立更加完善的风险管理和内部控制机制。通过对各类风险因素数据的监控和分析，高校可以及时发现潜在的风险和问题，并采取有效措施加以应对，保障高校财务安全稳健。

数据融合是高校财务管理数字化转型的重要一环，在提高财务管理效率、优化资源配置、支持决策等方面具有重要意义。高校需要制定科学合理的数据融合策略，借助先进的技术手段，不断完善和优化财务信息系统，实现财务数据的无缝融合和智能化处理，为高校的可持续发展提供强有力的支持。

2. 流程融合策略

（1）财务信息系统与高校财务管理流程的有效融合方式

在高校财务管理中，财务信息系统的有效融合是提高管理效率、降低成本的关键。以下是一些有效的融合方式：

建立全面的信息系统：高校应该建立全面、完善的财务信息系统，覆盖财务管理的各个方面，包括预算编制、资金管理、会计核算、财务报表等。这样的系统能够为高校提供全面的数据支持，使财务管理更加科学、准确。

实现信息系统与财务管理流程的无缝对接：财务信息系统应与高校财务管理流程实现无缝对接，使数据的流通更加顺畅。例如，在预算编制环节，系统可以自动汇总各部门的预算申请，与实际执行情况实时对比，为决策提供依据；在资金管理方面，系统可以实现自动化的资金调拨和监控，确保资金使用的合理性和高效性。

提供个性化服务：财务信息系统应当具备一定的灵活性和个性化定制功能，能够根据高校的特点和需求进行定制化开发。例如，针对不同类型的支出，系统可以设定不同的审批流程和权限设置；针对不同层级的管理者，系统可以提供个性化的报表和分析功能，满足其不同的管理需求。

加强人机交互：财务信息系统应该具有友好的用户界面和便捷的操作方式，提高用户的使用体验和工作效率。通过加强人机交互，财务管理人员能够更加方便地使用系统进行数据录入、查询和分析，减小人为因素对管理效率的影响。

（2）流程融合对提高高校财务管理效率和降低成本的影响

提高管理效率：流程融合能够实现财务管理流程的标准化和自动化，大大提高管理效率。例如，通过信息系统实现预算编制的自动汇总和对比，节省了手工整理数据的时间和精力；通过系统实现资金管理的自动化监控，及时发现资金使用中的问题和风险，提高管理的及时性和精准性。

降低管理成本：流程融合能够降低高校财务管理的人力成本和物力成本。一方面，流程融合使财务管理流程更加标准化和规范化，减少人为因素的干扰，降低管理风险和错误率；另一方面，流程融合使财务管理流程更加自动化和智能化，减少人工处理的工作量，提高工作效率，从而降低管理成本。

提升管理决策的科学性和准确性：流程融合使财务信息系统能够为高校管理者提供更加科学、准确的数据支持，为管理决策提供可靠依据。通过系统实时汇总和分析财务数据，管理者可以及时了解高校财务状况和运行情况，准确把握问题的本质和规律，从而做出更加科学、合理的管理决策。

提高管理的透明度和规范性：流程融合能够提高高校财务管理的透明度和规范性，有效防范和减少管理中的腐败和失误。通过信息系统实现财务数据的实时公开和透明，高校各方面都能够了解财务管理的情况和结果，避免了信息的不对称和管理的不公正；同时，流程融合使财务管理流程更加规范化和标准化，规范了管理行为和操作流程，有效减少了管理中的灰色地带和漏洞。

综上所述，财务信息系统与高校财务管理流程的有效融合是提高管理效率、降低成本的重要途径。通过建立全面的信息系统、实现系统与流程的无缝对接、提供个性化服务、加强人机交互等方式，高校财务管理可以提高效率和水平，实现可持续发展。

二、高校财务信息系统的关键模块和功能

（一）高校财务信息系统中各个模块的功能和作用

1. 财务核算模块

（1）财务核算模块的功能和作用

财务核算模块是高校财务信息系统中的一个重要组成部分，其功能和作用覆盖了高校财务管理的方方面面。主要包括：

财务数据记录与处理：财务核算模块负责记录和处理高校的财务数据，包括收入、支出、资产、负债等各项核算内容。通过这一功能，高校能够准确地了解自身的财务状况，并及时采取相应的管理措施。

成本核算与管理：财务核算模块还可以对高校的成本进行核算和管理。通过对各项成本的准确核算，高校能够合理配置资源，提高资源利用效率，降低成本，从而实现财务管理的优化目标。

预算编制与执行：财务核算模块还支持高校预算的编制和执行工作。通过对预算的编制，有助于高校制订合理的财务计划，明确各项支出的用途和额度，并在执行过程中及时进行监控和调整，确保预算的有效执行。

财务报表生成与分析：财务核算模块能够根据财务数据自动生成各类财务报表，包括资产负债表、利润表、现金流量表等。这些报表为高校提供了全面、系统的财务信息，帮助管理者及时了解高校财务状况，分析财务绩效，为决策提供依据。

合规性监督与审计支持：财务核算模块支持高校进行财务合规性监督和审计工作。通过对财务数据的记录和处理确保财务活动的合规性，减少违规风险，并为财务审计提供必要的数据支持，保障高校财务管理的透明度和规范性。

(2)财务核算在财务信息系统中的地位和作用

财务核算模块在高校财务信息系统中具有重要作用主要体现在以下几个方面:

核心功能模块:财务核算是高校财务信息系统的核心功能模块之一,直接关系到高校财务管理的全面性和准确性。财务核算模块通过对财务数据的记录、处理和分析,为高校提供了全面、系统的财务信息,为高校财务管理决策提供了重要依据。

财务信息集成平台:财务核算模块不仅是对财务数据进行处理的工具,更是一个财务信息的集成平台。在这个平台上,高校可以集中管理各类财务数据,实现数据的共享和交互,提高了财务管理效率和准确性。

决策支持系统:财务核算模块还是高校财务决策支持系统的重要组成部分。通过对财务数据的分析和报表的生成为高校管理者提供及时、准确的财务信息,帮助其制定合理的财务策略和决策,实现高校财务管理的科学化和精细化。

监督与控制平台:财务核算模块还承担着高校财务监督与控制的重要职责。通过对财务数据的记录和处理及时发现和解决财务管理中的问题和风险,保障高校财务管理的安全和稳定。

综上所述,财务核算模块作为高校财务信息系统中的关键模块之一,不仅具有丰富的功能和作用,还在财务管理中具有重要地位。只有充分发挥财务核算模块的作用,高校才能够实现财务管理的科学化、精细化和规范化,提高财务管理效率和水平,推动可持续发展。

2. 预算管理模块

在高校财务信息系统中,各个模块都扮演着重要角色,以确保高校财务运作的高效性、透明度和合规性。其中,预算管理模块作为财务信息系统中的重要组成部分之一,承担着预算编制、执行、监控和评估等功能,对高校财务管理具有重要作用。

(1)预算管理模块的功能和作用

预算管理模块旨在帮助高校制定合理、科学的财政预算,并通过对预算执行情况的监控和评估,实现财务目标的有效达成。其主要功能和作用包括:

预算编制:通过该模块,高校能够根据财政政策、发展战略和需求预测,制定年度财政预算。这涉及对各项支出、收入进行合理分配和安排，确保资源的合理利用和财政平衡。

预算执行：预算管理模块能够实时监控预算执行情况，包括支出、收入等各项财务活动的执行进度和情况。通过与实际情况的比对，高校及时发现预算执行中的偏差和问题，并采取相应措施进行调整和改进。

预算监控：预算管理模块能够对预算执行情况进行实时监控和分析，包括对各项支出的执行情况、资金使用情况等进行监测和分析。这有助于高校及时发现财务风险和问题，果断采取措施加以应对，保障财务安全和稳定。

预算评估：通过对预算执行情况的评估，高校可以及时总结经验教训，评估预算编制的科学性和合理性，为下一年度预算编制提供参考和借鉴。同时，高校可以通过评估结果，及时调整和优化预算管理策略和措施，提高预算管理效率和水平。

（2）预算管理对于财务控制和业务决策的重要性

预算管理在高校财务控制和业务决策中具有至关重要的作用主要体现在以下几个方面：

资源合理配置：通过预算管理模块，高校能够根据实际需求和财政状况，对资源进行合理配置和利用。通过预算编制，高校可以确保资源的合理分配和利用，避免资源浪费和低效使用。

财务监控和控制：预算管理模块提供了对财务活动的实时监控和分析功能，可以及时发现财务风险和问题，并采取相应措施加以控制和解决。这有助于保障高校财务安全和稳定。

业务决策支持：预算管理模块通过对预算执行情况的评估和分析，为高校提供了科学的数据支持和决策参考。高校可以根据预算执行情况，及时调整和优化业务决策，确保业务目标的有效实现。

财务透明度和合规性：预算管理模块能够实现对财务活动的全程监控和记录，提高了高校财务活动的透明度和合规性。这有助于高校建立良好的财务信誉，提升内外部利益相关者对高校的信任度。

综上所述，预算管理模块作为高校财务信息系统中的重要组成部分，对于高校财务管理具有重要的功能和作用。通过预算管理，高校能够实现资源合理配置、财务监控和控制、业务决策支持以财务透明度和合规性，为高校财务管理的科学化、规范化和高效化提供了重要保障。

（二）不同模块在财务管理中的应用场景和效果

1. 财务核算模块的应用场景和效果

（1）高校财务核算流程的优化和简化

财务核算模块在高校财务管理中的应用场景之一是优化和简化财务核算流程。传统的财务核算流程存在烦琐的手工操作和重复工作，容易出现错误和延误。而财务核算模块可以通过自动化的数据录入、自动化的计算和处理，以及智能化的核算规则和流程设计，实现对财务核算流程的优化和简化。例如，通过将财务数据与其他模块的数据自动对接和同步，避免手工录入的错误和重复，提高财务核算效率和准确性。

（2）财务数据的实时更新和准确性保障

财务核算模块能够实现财务数据的实时更新和准确性保障。在传统的财务管理中，财务数据的更新存在延迟和不及时情况，导致财务报表的准确性受到影响。而财务核算模块通过与其他模块的数据实时对接和同步，可以实现财务数据的及时更新和准确性保障。这有助于高校及时了解财务状况，果断采取措施加以应对，提高财务管理效率和水平。

（3）财务报表的生成与分析效率提升

财务核算模块能够提升财务报表的生成与分析效率。传统的财务报表生成和分析往往需要大量的人力和时间，而且容易出现错误。而财务核算模块通过自动化的财务数据汇总、自动生成财务报表及提供多维度的数据分析功能，能够大大提高财务报表的生成与分析效率。这不仅节省了人力资源和时间成本，还提高了财务报表的准确性和可靠性，为高校的决策提供更科学的数据支持。

（4）财务核算结果的及时性和准确性增强

财务核算模块能够增强财务核算结果的及时性和准确性。在传统的财务管理中，由于财务核算流程的复杂性和手工操作的局限性，财务核算结果往往需要较长的时间才能生成，并且容易出现错误和偏差。而财务核算模块通过自动化的财务数据处理和智能化的核算规则，可以大大缩短财务核算周期，并提高财务核算的准确性，有助于高校及时获取财务信息，进行财务分析和决策，提高高校财务管理效率和水平。

综上所述，财务核算模块在高校财务管理中发挥重要作用。通过优化和简化财务核算流程、实现财务数据的实时更新和准确性保障、提高财务报表的生成与分析效率及增强财务核算结果的及时性和准确性，财务核算模块为高校财务管理提供了强有力的支持，促进了高校财务管理的科学化、规范化和高效化。

2.预算管理模块的应用场景和效果

预算管理模块在高校财务信息系统中的应用涉及多个方面，包括预算编制流程的标准化和自动化、预算执行情况的实时监控和分析、预算与实际执行情况的对比分析及预算管理对于高校财务决策的支持和指导。下面将对这些方面进行详细探讨。

（1）预算编制流程的标准化和自动化

高校财务预算编制流程的标准化和自动化是预算管理模块的重要应用场景之一。传统的预算编制流程通常烦琐而复杂，需要投入大量的人力和物力，并且容易出现数据不一致、计算错误等问题。而预算管理模块通过建立标准化的预算编制流程和模板，实现了预算编制流程的自动化和规范化，大大提高了预算编制效率和准确性。同时，预算管理模块还可以根据历史数据和预测模型，提供预算编制的参考和建议，为高校财务预算的科学性和合理性提供保障。

（2）预算执行情况的实时监控和分析

预算管理模块的另一个重要应用场景是实时监控和分析预算执行情况。通过预算管理模块，高校能够实时掌握各项支出、收入等财务活动的执行情况，包括执行进度、资金使用情况、执行效果等。通过实时监控和分析，高校可以及时发现财务问题和风险，并采取相应措施加以控制和解决，确保预算执行的顺利进行和财务目标的有效实现。

（3）预算与实际执行情况的对比分析，发现偏差及时调整

预算管理模块还可以实现预算与实际执行情况的对比分析，从而及时发现预算执行中的问题，并采取相应措施进行调整和改进。通过对预算与实际执行情况的对比分析，高校可以发现支出偏差、收入偏差等问题，及时分析偏差产生的原因，并采取相应措施进行调整，确保预算执行的有效性和准确性。这有助于高校保障财务目标的实现，并提高财务管理效率和水平。

（4）预算管理对于高校财务决策的支持和指导

预算管理模块能够为高校财务决策提供重要的支持和指导。通过对预算执行情况的评估和分析，高校可以及时了解财务状况和趋势，为财务决策提供科学的数据支持和决策参考。预算管理模块还可以通过建立预算模拟和预测模型，为高校财务决策提供多种方案的比较和选择，帮助高校制定科学合理的财务决策，实现财务目标最大化。

综上所述，预算管理模块在高校财务信息系统中的应用涉及多个方面，包括预算编制流程的标准化和自动化、预算执行情况的实时监控和分析、预算与实际执行情况的对比分析及预算管理对于高校财务决策的支持和指导，不仅提高了高校财务管理效率和水平，还为高校财务决策提供了重要的支持和保障。

第三节　高校财务信息化建设的挑战与前景

一、高校财务信息化建设面临的挑战

（一）高校财务信息化建设中存在的问题和挑战

在高校财务信息化建设过程中，虽有诸多便利和效益，但也面临一系列问题和挑战。

1. 信息化基础设施建设不足

在高校财务信息化建设过程中，面临诸多问题和挑战，首要便是信息化基础设施建设不足。这一问题涉及高校财务信息系统的硬件、软件、网络等基础设施方面的不足之处，对高校财务信息化建设产生了一系列影响。

（1）高校财务信息化基础设施建设的不足之处

老旧设备和技术：许多高校财务信息化系统使用的设备和技术相对老旧，无法满足现代信息化需求。例如，部分高校仍在使用过时的服务器、计算机和网络设备，导致系统性能低下、安全性不足等问题。

缺乏统一标准和规范：高校财务信息化基础设施建设缺乏统一的标准和规

范，导致各个部门或单位间信息系统不兼容的情况。这给信息共享、数据交换等方面带来了困难，降低了信息化系统的整体效率和效益。

网络带宽不足：随着信息化的广泛应用，高校网络带宽需求逐渐增长。然而，一些高校的网络带宽仍然存在不足的情况，导致信息传输速度慢、网络拥堵等问题，影响了信息系统的正常运行。

安全性欠佳：高校财务信息化基础设施的安全性存在一定隐患。由于缺乏先进的安全技术和手段，高校财务信息系统容易受到网络攻击、病毒感染等威胁，造成重要数据泄露、系统瘫痪等严重后果。

（2）基础设施不足对信息化建设的影响

影响系统性能和稳定性：基础设施不足导致高校财务信息系统的性能和稳定性受到影响。老旧设备和技术无法支撑系统的高效运行，网络带宽不足导致信息传输速度慢，这些都会影响系统的正常使用和服务质量。

制约信息化应用和创新：基础设施不足限制高校财务信息化应用和创新的空间。缺乏统一标准和规范、网络带宽不足等问题阻碍信息系统之间的互联互通，使新技术的应用和创新受到了限制。

增加信息安全风险：基础设施不足给高校财务信息系统的安全性带来隐患。老旧设备和技术容易受到攻击，网络带宽不足增加网络拥堵和数据泄露的风险，这些都对信息系统的安全性构成威胁。

增加维护成本和风险：基础设施不足增加高校财务信息系统的维护成本和风险。老旧设备和技术需要更多的维护和更新，网络带宽不足导致系统易受故障影响，这些都会增加系统运行的成本和风险。

综上所述，高校财务信息化建设中基础设施建设不足是一个亟待解决的问题。只有加大基础设施建设的投入力度，优化硬件、软件、网络等方面的配置和管理，才能更好地支撑高校财务信息化建设，实现信息化管理的目标与要求。

2. 数据安全与隐私保护存在问题

（1）高校财务信息化中存在的数据安全风险和隐私保护问题

在高校财务信息化过程中，数据安全风险和隐私保护问题一直备受关注。首先，高校财务信息系统涉及大量的敏感财务数据，如预算、资金流动、工资福利等，一旦泄露或被非法获取，将对高校的财务安全和稳定产生严重影响。其次，随着信息技术的发展，网络攻击和数据泄露的风险不断增加，黑客入侵、病毒攻击等安全威胁时有发生。同时，个人隐私保护也是一个重要问题，高校需要确保教师、学生、教职员工等各方的个人隐私信息不受侵犯和滥用。

（2）加强数据安全管理、保护用户隐私的策略和方法

高校为了解决财务信息化中的数据安全和隐私保护问题，可以采取以下策略和方法：

建立完善的安全管理体系：高校需要建立健全的数据安全管理体系，包括制定相关安全政策和流程、建立权限管理机制、加强对数据访问的监控等，确保敏感数据的安全可控。

加强技术保障措施：高校可以通过采用加密技术、防火墙、入侵检测系统等技术手段，提升系统的安全性和抗攻击能力，有效防范各类网络安全威胁。

加强员工培训和意识教育：高校应加强对教职员工的安全意识教育和培训，提高其对数据安全和隐私保护的重视程度，防止内部人员的不当操作和行为。

加强合规监管和第三方审计：高校可以建立合规监管机制，定期进行安全漏洞扫描和评估，及时发现和解决安全问题。同时，高校可以委托第三方专业机构进行安全审计，提升系统的安全性和可信度。

3. 信息系统集成和互联互通困难

（1）高校财务信息系统集成和互联互通的困难

高校财务信息系统通常由多个子系统组成，如财务管理系统、人力资源系统、学生信息系统等，这些子系统之间存在数据孤岛和信息孤立的问题，导致信息无法实现有效集成和共享。此外，不同子系统的技术平台、数据格式、业务流程等差异也增加了系统集成和互联互通的难度，阻碍了信息系统的整体效能和业务协同。

（2）解决集成问题的策略和方法

高校为了解决财务信息系统集成和互联互通的困难，可以采取以下策略和方法：

制定统一的数据标准和接口规范：高校可以制定统一的数据标准和接口规范，明确数据格式、数据字段、接口协议等，以实现不同系统之间的数据交换和共享。

采用集成平台和中间件技术：高校可以引入集成平台和中间件技术，通过构建统一的数据集成和交换平台，实现不同系统之间的数据对接和信息流畅。

推动业务流程优化和整合：高校可以通过优化和整合业务流程，消除业务部门之间的信息壁垒和数据孤岛，提升信息系统的整体效能和业务协同。

加强跨部门合作和沟通：高校各部门之间需要加强合作和沟通，共同推动信息系统的集成和互联互通工作，确保信息系统能够更好地支撑高校的教学科研和管理服务。

通过以上策略和方法，高校可以有效解决财务信息化建设中存在的数据安全和隐私保护问题，以及信息系统集成和互联互通的困难，推动高校财务信息化建设向着更加科学、高效、安全的方向发展。

（二）高校财务管理信息化建设应对策略

拟定全面的信息化规划：在信息化建设之前，高校应制定全面的信息化规划和战略，明确信息化目标、范围、时间表和资源投入，以确保信息化建设的方向清晰、合理。

强化组织变革管理：高校财务管理信息化建设过程中，应注重组织结构的调整和人员培训，确保组织结构与信息系统的匹配度，同时加强对相关人员的培训和适应，提高其信息化操作能力。

加强技术更新和管理：管理层应加强对技术更新和管理的监督和引导，确保信息系统技术处于领先水平，并与组织的发展需求相匹配。

建立健全信息安全体系：高校应建立健全信息安全管理体系，加强对敏感数据和个人隐私的保护，采取有效措施防范各种信息安全威胁。

加强管理与技术的协调：管理层和技术人员应加强沟通与协调，确保信息系统建设方向明确、进度顺利，避免管理与技术之间的脱节和冲突。

建立持续改进机制：高校应建立持续改进机制，对信息化建设过程中出现的问题和挑战及时进行总结和反思，不断优化和完善信息化建设策略和措施。

综上所述，高校财务管理信息化建设过程中会遇到各种困难和障碍，但通过合理的策略和措施，可以有效地应对这些挑战，推动信息化建设顺利进行，提高高校财务管理水平和效率。

二、高校财务信息化建设的发展前景

1. 数据智能化

（1）数据智能化在高校财务信息化中的应用前景

随着信息技术的迅速发展和高校财务管理的日益复杂化，数据智能化正成为高校财务信息化建设的重要方向之一。数据智能化指的是通过人工智能、机器学习等技术，对海量数据进行分析和挖掘，以实现对数据的全面分析和利用，从中获取有价值的信息和洞察，为高校决策提供科学依据和支持。

在高校财务信息化中，数据智能化的应用前景主要体现在以下几个方面：

预测性分析：利用大数据技术和数据智能化算法，高校可以对财务数据进行深入分析和挖掘，实现对未来财务走势的预测。通过对历史数据的分析和模型建立，高校可以发现潜在的规律和趋势，为高校未来的财务决策提供科学依据。

风险管理：大数据技术可以帮助高校对财务风险进行更加精准的识别和评估。通过对各项财务指标的实时监测和分析，高校可以及时发现可能存在的风险和问题，并采取相应措施加以控制和应对，从而提高高校财务管理的风险防范能力。

资源优化配置：大数据技术可以帮助高校更加科学地进行资源配置和利用。通过对各项资源的实时监控和分析，高校可以发现资源使用的瓶颈和短板，并采取相应措施进行优化和调整，实现资源的最大化利用和效益提升。

智能决策支持：数据智能化可以为高校提供智能化的决策支持。高校通过对海量数据的分析和挖掘，可以为决策者提供全面、准确的数据支持，帮助其做出科学、有效的决策，提升高校财务管理水平和效率。

（2）数据智能化对提高财务管理效率的作用

数据智能化对提高高校财务管理效率具有重要作用主要体现在以下几个方面：

快速决策：数据智能化技术可以帮助高校财务管理人员快速获取并分析海量数据，为决策提供及时、准确的信息支持，有助于高校财务管理人员迅速做出决策，及时应对各种突发情况，提高决策效率。

精准预测：数据智能化技术可以通过对历史数据的分析和挖掘，实现对未来走势的精准预测，有助于高校财务管理人员提前做出相应调整和安排，避免可能存在的风险，提高财务管理效率和准确性。

优化资源配置：数据智能化技术可以帮助高校财务管理人员更加科学地进行资源配置和利用。高校通过对各项资源的实时监控和分析发现资源使用的瓶颈和短板，并采取相应措施进行优化和调整，提高资源利用效率。

自动化流程：数据智能化技术可以实现对财务管理流程的自动化和智能化。通过建立智能化的财务管理系统，实现财务数据的自动采集、处理和分析，减少人工干预，提高财务管理效率和准确性。

综上所述，数据智能化在高校财务信息化建设中具有重要的应用前景和作用。高校通过充分利用技术手段实现对财务数据的深度分析和挖掘，为财务管理提供科学依据和支持，提高财务管理效率和水平。

2. 云计算和移动化发展

（1）云计算和移动化技术在高校财务信息化中的发展趋势

随着信息技术的不断发展和普及，云计算和移动化技术在高校财务信息化中扮演至关重要的角色，其发展趋势主要体现在以下几个方面：

数据中心虚拟化：高校财务信息化系统中的数据中心将趋向虚拟化和集中化，通过云计算技术实现资源共享和动态调配，提高资源利用效率和管理效率。

软件即服务模式：软件即服务模式将逐渐成为高校财务信息化系统的主流模式，通过云平台提供的软件服务，高校可以灵活选择和使用各类财务管理软件，降低成本和风险。

移动化应用普及：随着移动设备的普及和性能的提升，移动化应用将成为高校财务信息化的重要趋势。高校财务管理人员可以通过移动设备随时随地进行财务管理和监控，提高工作效率和灵活性。

安全和隐私保护：随着云计算和移动化应用的普及，安全和隐私保护将成为高校财务信息化建设的重要关注点。高校需要加强对数据安全和隐私保护的管理和控制，采取有效的安全措施和技术手段保障财务信息的安全和完整性。

（2）云计算和移动化对提高信息化灵活性的意义

云计算和移动化技术对于提高高校财务信息化的灵活性具有重要意义，主要体现在以下几个方面：

灵活性和可扩展性：云计算技术使高校可以根据需要灵活选择和调整云服务资源，根据财务管理的实际需求进行扩展和升级，提高系统的灵活性和可扩展性。

移动办公和应用：移动化应用使高校财务管理人员可以随时随地通过移动设备进行财务管理和监控，不再受限于办公室的位置和时间，提高工作效率和灵活性。

降低成本和风险：云计算和移动化技术可以帮助高校降低信息化建设和运维成本，减少对硬件和软件的投入，同时降低系统运行和管理的风险。

创新和协作：云计算和移动化技术为高校财务信息化系统的创新和协作提供了新的可能性。高校可以通过云平台和移动设备实现财务管理人员之间的协作和信息共享，推动财务管理工作的创新和发展。

综上所述，云计算和移动化技术在高校财务信息化建设中的发展趋势和意义日益凸显。通过利用云计算和移动化技术，高校可以提高信息化系统的灵活性，降低成本和风险，推动财务管理工作的创新和发展，为高校财务信息化建设的未来发展提供重要支撑和保障。

3.智能财务分析与预测

（1）智能财务分析和预测技术在高校财务管理中的应用前景

随着信息技术的迅速发展，智能财务分析和预测技术在高校财务管理中的应用前景日益广阔。智能财务分析技术利用人工智能、大数据分析等先进技术手段，对高校财务数据进行深度挖掘和分析，以发现潜在的规律和趋势，为高校财务管理提供决策支持和预测参考。

首先，智能财务分析技术可以帮助高校实现财务数据的自动化处理和分析。传统的财务分析通常需要大量人力和物力进行数据的整理和分析，费时费力且容易出现误差。而智能财务分析技术能够通过机器学习算法和数据挖掘技术，自动从海量财务数据中提取关键信息，实现对财务数据的智能分析和理解。

其次，智能财务分析技术可以帮助高校实现财务预测和风险评估。智能财务分析技术通过对历史财务数据的分析和建模，结合外部环境因素和市场趋势的预测，能够为高校提供准确的财务预测和风险评估，帮助高校及时发现潜在的财务风险，并采取相应措施加以防范和化解。

最后，智能财务分析技术还可以帮助高校实现财务数据的可视化和分析报告的生成。高校通过将财务数据以图表形式直观呈现，智能财务分析技术可以帮助管理者更直观地了解财务状况和趋势，从而更加科学地进行决策和规划。

总的来说，智能财务分析和预测技术在高校财务管理中具有广阔的应用前景。它可以帮助高校实现财务数据的自动化处理和分析、财务预测和风险评估及财务数据的可视化呈现，为高校财务管理提供了更加科学、精准的决策支持。

（2）智能财务分析对决策支持的作用

智能财务分析对高校财务管理的决策支持作用主要体现在以下几个方面：

精准的数据分析：智能财务分析技术能够通过对海量财务数据的分析和挖掘，发现其中的规律和趋势，为高校提供准确的数据支持，有助于高校管理者更好地了解财务状况和问题，从而做出更精准的决策。

科学的预测和规划：智能财务分析技术能够通过对历史数据的分析和建模，结合外部环境因素和市场趋势的预测，为高校提供科学的财务预测和规划，有助于高校管理者及时发现潜在的财务风险，并采取相应措施加以应对，保障高校财务的稳健发展。

快速的决策反应：智能财务分析技术能够实现财务数据的实时监控和分析，及时发现财务问题和异常情况，并提供相应的决策建议，有助于高校管理者快速做出决策，及时调整和优化财务管理策略，确保财务目标的有效实现。

决策结果的可视化呈现：智能财务分析技术能够将财务数据以图表形式直观呈现，为高校管理者提供直观的决策参考，有助于高校管理者更直观地了解财务状况和趋势，从而更加科学地进行决策和规划。

综上所述，智能财务分析对于高校财务管理的决策支持具有重要作用。它能够通过精准的数据分析、科学的预测和规划、快速的决策反应及决策结果的可视化呈现，为高校管理者提供科学、精准的决策支持，推动高校财务管理的现代化和智能化发展。

4.区块链技术在财务领域的应用

（1）区块链技术在高校财务管理中的应用潜力

在当今数字化时代，信息化已经成为高校财务管理的必然趋势。随着科技的不断发展，各种新兴技术被应用于财务管理领域，其中区块链技术作为一种去中心化、不可篡改、高度安全的技术，具有巨大的潜力和应用前景。区块链技术在高校财务管理中的应用潜力如下：

资金管理：区块链技术可以用于高校的资金管理，实现资金流动的透明化和实时监控。高校通过建立基于区块链的资金管理系统，可以实现资金流向的可追溯和不可篡改，有效防止资金挪用和财务舞弊。

合同管理：高校与各类合作伙伴之间签订的合同信息可以通过区块链技术进行管理。区块链的智能合约功能可以确保合同的执行自动化和透明化，减少人为干预和风险，提高合同执行的效率和可靠性。

学生信息管理：高校的学生信息管理也可以受益于区块链技术。学生的学籍、成绩、奖学金等信息可以通过区块链进行安全存储和管理，确保信息的真实性和安全性，同时学生也可以通过区块链技术方便地查询和验证自己的信息。

捐赠管理：对于高校的捐赠管理来说，区块链技术可以确保捐赠的透明化和可追溯性。捐赠者可以通过区块链技术追踪自己捐赠款项的流向和使用情况，从而增强对高校的信任度。

（2）区块链技术对财务信息安全和透明度的提升作用

数据安全：区块链技术采用分布式存储和加密算法，确保数据的安全性。在高校财务管理中，财务数据的安全至关重要，区块链技术可以有效防止数据篡改和信息泄露，提高财务数据的安全性。

交易透明：区块链技术的去中心化特点保证了交易的透明性。在高校财务管理中，所有的资金流动和交易都可以被记录在区块链上，任何人都可以查看和验证这些记录，确保财务交易的透明度和公正性。

防篡改：区块链技术的最大特点就是数据的不可篡改性。一旦数据被记录在区块链上，就无法被修改或删除，这确保了财务信息的完整性和可信度。在高校财务管理中，这意味着财务数据的真实性和可靠性得到了极大的提升。

审计便捷：区块链技术可以为高校的财务审计提供便捷的数据来源。由于财务交易都被记录在区块链上，审计人员可以直接访问这些记录，进行快速、准确的审计工作，节省时间和成本。

综上所述，区块链技术在高校财务管理中具有巨大的应用潜力和发展前景。通过区块链技术的应用实现高校财务管理的数字化、智能化和安全化，提升财务信息的安全性和透明度，促进高校财务管理的现代化和规范化发展。

第九章　高校财务改革与创新

第一节　高校财务改革的动因与路径

一、高校财务改革的动因分析

随着社会经济的不断发展和高等教育体制改革的深入推进，高校财务改革已成为当下亟待解决的重要问题。高校作为培养人才、推动科研创新、传承文化的重要阵地，其财务运作直接关系国家经济社会发展的全局。因此，探讨高校财务改革的动因，既需要从外部环境的变化角度来审视，也需要深入高校内部机制的运作情况进行分析。内部驱动力主要指的是高校自身存在的问题和需求，而外部压力则来自社会环境、政策法规等因素。本节将分别探讨这两方面因素，并对高校财务改革的动因进行深入剖析。

（一）高校内部驱动力分析

从高校内部来看，财务改革的动因主要源自三个方面。

第一，财务体制不适应现代高等教育发展的需求。随着高等教育规模的不断扩大和多样化发展趋势的逐渐明显，传统的财务管理体制已经难以适应高校的发展需求。传统的财务管理模式往往以预算控制为核心，强调资金使用的节制和限制，忽视了高校的特殊性和灵活性，导致资源配置效率低下、决策滞后等问题的出现。

第二，财政支持不足，高校财务压力不断加大。随着国家财政体制改革的日益深入和高等教育投入的逐步增加，高校财政支持的比重虽然有所提升，但依旧难以满足高校日益增长的经费需求。高校面临的各种成本包括人才引进、科研设备更新、教学改革等方面的支出不断增加，而传统的财政拨款模式已经无法满足这些支出的需要，导致高校财务压力的不断增大。

第三，高校内部管理体制和机制不够完善。高校作为一个复杂的组织机构，其内部管理体制和机制的完善程度直接影响财务运作效率和透明度。然而，目前高校内部管理体制和机制存在诸多问题，如权责不清、信息不对称、决策不科学等，导致高校财务管理的混乱和不规范。具体表现如下：

资金紧张：高校面临着资金紧张的局面，主要表现在财政拨款不足、学费收入不稳定等方面。随着高等教育的普及和规模的扩大，高校的经费需求不断增加，但财政拨款的增长并不相应，导致资金供给不足的局面。因此，高校需要通过财务改革来增加财源，提高资金使用率，缓解资金紧张的局面。

经费使用效率低下：某些高校存在经费使用效率低下的问题，主要表现在财务管理不规范、资源配置不合理等方面。例如，某些高校存在浪费、奢侈现象，导致经费的浪费和资源的闲置。因此，高校需要通过财务改革来优化资源配置，提高经费使用效率，实现资源的最大化利用。

财务监管不到位：某些高校存在财务监管不到位的问题，主要表现在内部控制机制不健全、财务管理制度不完善等方面。由于缺乏有效的监管机制，某些高校存在财务管理混乱、财务风险较大的问题，给高校的稳定运行带来一些隐患。因此，高校需要通过财务改革来加强内部控制，完善财务管理制度，提高财务监管的效能。

适应新形势和新要求：随着社会经济的发展和高等教育的改革，高校面临着新形势和新要求。例如，高校需要适应市场经济的发展，加强与社会的联系，拓宽经费来源；高校需要适应人才培养的新要求，提高教学质量，改善办学条件。因此，高校需要通过财务改革来适应新形势和新要求，保持与时俱进，实现可持续发展。

综上所述，高校内部驱动力主要源自财务体制不适应现代高等教育发展的需求、财政支持不足及高校内部管理体制和机制不够完善等方面的问题。高校内部驱动力是高校财务改革的重要动因之一，只有充分认识和解决高校内部存在的问题和矛盾，才能推动高校财务改革取得实质性进展。因此，为了推动高校财务改革，需要从根本上完善高校财务管理体制，优化资源配置结构，提高财务管理效率和透明度，以适应当前高等教育发展的需要。

（二）外部环境压力

高校财务改革是一项复杂而又具有挑战性的任务，它不仅受到内部因素的影响，还受到外部压力的驱动和制约。在分析高校财务改革的外部压力时，我们可以从政策法规、经济环境、社会需求和国际竞争等方面入手，深入探讨外部环境对高校财务改革的影响。

首先，政策法规是推动高校财务改革的重要外部压力之一。政府对高校的财务管理制度和政策法规不断进行调整和完善，这直接影响高校的财务管理和改革方向。例如，政府通过颁布新的法规来规范高校的财务管理行为，或者通过财政补贴政策来引导高校改革财务管理模式。因此，高校需要不断关注政策法规的变化，积极响应政府的政策导向，推动财务改革向符合国家战略需求的方向发展。

其次，经济环境是推动高校财务改革的另一种外部压力。经济的发展水平、财政预算的分配及税收政策的变化都会直接影响高校的财务状况和改革进程。例如，当经济下行压力大时，政府财政收入减少，会导致高校财政拨款减少，加大了高校财务管理的压力；当经济高速增长时，政府会提高对高校的财政投入，为高校财务改革提供更多支持。因此，高校需要密切关注经济环境的变化，灵活应对，寻找适合自身发展的财务管理模式。

再次，社会需求是推动高校财务改革的重要外部压力。社会经济的不断发展和人民生活水平的提高，对高等教育的需求越来越多样化和个性化。社会对高校提出了更高的期望，要求高校更好地发挥其在人才培养、科学研究和社会服务方面的作用。这就要求高校在财务管理方面更加科学、透明、高效，能够更好地满足社会的需求。因此，高校需要根据社会需求调整财务管理模式，提高财务管理水平，以更好地服务社会。

最后，国际竞争是推动高校财务改革的外部压力之一。随着全球化进程的加快，各国高等教育资源的竞争日益激烈。高校需要不断提高自身的国际竞争力，吸引更多国际学生和教师，加强与国外高校的合作与交流。这就要求高校在财务管理方面更加开放、灵活，能够适应国际化的财务管理需求，加强与国际接轨，提升自身的国际影响力。因此，高校需要根据国际竞争的要求调整财务管理模式，提高财务管理水平，以更好地适应国际化的发展趋势。

综上所述，高校财务改革受到政策法规、经济环境、社会需求和国际竞争等多方面的外部压力的影响。高校需要根据外部环境的变化，灵活调整财务管理模式，不断提高财务管理水平，以更好地适应社会发展的要求。同时，高校还需要加强内部管理，提高自身的核心竞争力，为财务改革提供坚实的组织保障。

二、高校财务改革的路径分析

（一）理念与目标

1.制定明确的财务改革目标

在高校财务改革中，制定明确的目标是至关重要的。这些目标应该是具体的、可衡量的、可实现的，并且与高校的整体发展战略相一致。以下列举了一些具体的财务改革目标：

提高财务透明度：确保财务数据的准确性和透明度，使高校管理者和利益相关者能够清晰地了解高校的财务状况。

优化资源配置：通过精细化管理，实现资源的合理配置和最大化利用，以满足高校的教学、科研和管理需求。

降低成本费用：通过有效控制和成本管理，降低高校的运营成本，提高资源利用效率。

增加收入来源：通过多元化收入来源，如科技成果转化、校企合作等方式，增加高校的财务收入，提升经济实力。

提高经费使用效率：确保教学科研经费的合理使用，提高研究成果转化率和教学质量。

规范财务管理：建立完善的财务管理制度和流程，确保财务管理的规范化、科学化和合规化。

加强风险管理：建立健全风险管理体系，防范和化解各类财务风险，保障高校财务安全。

这些目标可以根据高校的实际情况进行具体的细化和量化，以便更好地实施和监督财务改革的进展和效果。

2.确定财务改革的基本理念和原则

财务改革的基本理念和原则是指在财务管理工作中应遵循的一系列核心价值

观和行为准则。在高校财务改革中，应该明确以下基本理念和原则：

透明度与公正性：财务管理应该公开透明，确保信息公开和公平，实现财务管理的公正性和合理性。

科学与规范性：财务管理应该科学规范，遵循相关法律法规和制度规定，确保财务管理的规范化和合规性。

效率与效益：财务管理应该高效实用，追求资源的最大效益，提高财务管理效率和效益。

风险与防范：财务管理应该防范风险，建立健全风险管理机制，及时发现和化解各类财务风险。

创新与发展：财务管理应该创新发展，积极探索新的管理模式和方法，推动财务管理工作不断向前发展。

服务与责任：财务管理应该服务于高校的教学科研和管理工作，承担起对高校的财产保护和管理责任。

以上理念和原则贯穿于财务管理工作始终，是指导财务管理工作的基本准则和价值取向。只有在坚持这些理念和原则的基础上，财务管理工作才能更好地为高校的发展服务，实现财务管理工作的目标和任务。

3.建立可持续发展的财务管理体系

建立可持续发展的财务管理体系是高校财务改革的重要内容之一。这个体系应该是以科学管理理念为指导，以财务管理规范为依据，以信息化技术为支撑，以人才队伍建设为保障，不断完善和发展的一套财务管理制度和流程。

科学管理理念：高校应该借鉴和运用现代管理理论和方法，建立科学合理的财务管理理念，不断优化财务管理工作。

财务管理规范：高校应该建立完善的财务管理制度和流程，明确职责和权限，规范操作和流程，确保财务管理的规范化和合规性。

信息化技术支撑：高校应该充分利用信息化技术手段，建立先进的财务管理信息系统，实现数据的集成和共享，提高财务管理效率和效益。

人才队伍建设：高校应该加强财务管理人才队伍建设，培养和引进具有专业素质和管理能力的财务管理人才，提高财务管理水平和能力。

不断完善发展：高校应该根据高校的实际情况和发展需要，不断完善和发展财务管理体系，适时调整和优化管理制度和流程，确保财务管理工作的持续改进和发展。

建立可持续发展的财务管理体系，可以有效提升高校财务管理的水平和能力，为高校的发展提供坚实的财务保障和支撑。

（二）制度和规定

高校财务管理的有效性和透明度在很大程度上取决于相关制度和规定的完善程度。在推动高校财务改革的过程中，制定和完善相应的制度和规定是至关重要的一环。

1. 完善高校财务管理制度和规定

高校财务管理的制度和规定对于指导、规范和保障高校财务活动具有重要作用。在完善相关制度和规定时，高校需要考虑以下几个方面的内容：

法律法规依据：制定高校财务管理规定需遵循国家相关法律法规，确保合法性、合规性和稳定性。

财务管理原则：确立财务管理的基本原则，如合规性、规范性、透明度、责任明确等，为高校财务活动提供指导。

预算管理：规定高校预算编制、执行、调整和管理的程序和要求，确保资金使用的合理性和有效性。

会计制度：确定高校会计核算和报告的制度，明确会计政策和核算方法，保证财务信息的准确性和可靠性。

资产管理：制定资产管理制度，规范高校资产的采购、使用、处置和管理，防止资源浪费和滥用。

财务监督：设立财务监督机构，加强对高校财务活动的监督和审查，防止财务违规行为和腐败现象的发生。

高校完善相关制度和规定，可以为财务管理提供制度保障，提升管理效率和透明度，增强对财务活动的监督和控制。

2. 加强财务监督和审计制度建设

财务监督和审计是保障高校财务活动合规性和透明度的重要手段。加强财务监督和审计制度建设，对于有效防范财务风险、提升财务管理水平具有重要意义。具体措施包括：

建立健全监督机制：设立独立的财务监督机构或部门，负责对高校财务活动进行监督和审查，确保财务活动合规性和透明度。

加强内部审计：建立内部审计机构，加强对高校内部财务管理和运作情况的审计，及时发现和纠正财务管理中存在的问题和漏洞。

外部审计委托：委托独立的外部审计机构对高校财务活动进行审计，提高审计的客观性和公正性，增强对财务活动的监督力度。

建立问责机制：对财务管理中存在的问题和责任人进行问责，强化对财务违规行为的惩处和警示，提高财务管理规范性和效率。

通过加强财务监督和审计制度建设，可以有效监督和管理高校财务活动，防范财务风险，确保财务活动的合规性、透明度和稳健性。

3. 推进高校财务透明化和规范化

高校财务透明化和规范化是提升高校财务管理水平和公信力的重要举措。推进高校财务透明化和规范化，可以加强对财务活动的监督和评估，增强财务信息的可信度和公信力。具体措施包括：

财务信息公开：主动公开高校财务信息，包括预算、资产负债表、利润表等，提高信息的透明度和可获取性，增强社会监督和参与度。

财务报告规范：规范高校财务报告的编制和披露，确保财务报告的真实、准确、完整和及时，增强财务信息的可信度和公信力。

财务管理规范：规范高校财务管理流程和制度，确保财务活动的合规性和规范性，防止财务违规行为的发生。

财务监督强化：强化对高校财务活动的监督和审计，加大对财务违规行为的查处和惩处力度，维护财务管理秩序和稳定性。

完善高校财务管理相关制度和规定、加强财务监督和审计制度建设，推进高校财务透明化和规范化，是推动高校财务改革的重要举措。只有建立健全制度和规定体系，才能有效提升高校财务管理水平，增强财务活动的合规性、透明度和公信力，实现高校财务改革的目标和任务。

（三）财务管理体制

1. 优化高校财务管理体制和组织结构

高校财务管理体制和组织结构的优化是财务改革的关键一环，它直接影响高校财务管理效率和效果。在优化高校财务管理体制和组织结构时，高校应该从以下几个方面进行考虑和改进：

组织结构的简化和优化：高校财务管理部门的组织结构应当简化，避免过多的层级和繁杂的管理流程。合理划分职能，明确责任，提高工作效率。

分权下放与责任明确：在财务管理体制中，应该适当下放管理权限，让各级管理部门更加自主地进行决策和执行。同时，要求各级管理部门明确责任，确保财务管理工作的有效推进。

信息流畅和沟通畅通：高校财务管理体制应当注重信息的流畅和沟通的畅通。建立高效的信息传递机制和沟通渠道，确保各个部门之间的信息共享和协作配合。

灵活性和适应性：高校财务管理体制应当具有一定的灵活性和适应性，能够根据外部环境和内部需求进行调整和改进，以适应不断变化的需求和挑战。

2. 加强财务管理人才队伍建设

财务管理人才队伍建设是财务管理工作的关键，直接关系高校财务管理工作的水平和质量。要加强财务管理人才队伍建设，高校需要从以下几个方面进行考虑和改进：

人才培养机制的建立：建立完善的财务管理人才培养机制，包括选拔、培训、考核等方面的制度和政策，为财务管理人才的培养和成长提供良好的环境和条件。

职称评定和激励机制：完善财务管理人员的职称评定和激励机制，根据其业绩和贡献给予相应的荣誉和奖励，激励其发挥更大的工作激情和创造力。

外部人才引进和交流：积极引进和培养具有财务管理专业知识和技能的外部人才，促进与外界的交流与合作，吸收外部优秀的管理经验和做法，提升财务管理水平。

团队建设和文化塑造：加强财务管理团队建设，营造和谐的团队氛围和文化氛围，促进团队成员之间的相互信任和合作，共同推动财务管理工作的顺利进行。

加强财务管理人才队伍建设，是提高高校财务管理水平和能力的重要保障，也是推动财务改革和发展的关键举措。

(四)资金管理与投资

资金管理与投资是高校财务管理中至关重要的一环,直接关系高校的运转和发展。规范的资金管理和有效的资金投资是确保高校财务健康稳定的重要保障。本部分将从规范资金管理和使用、加强资金预算和监控及合理配置和利用资金等方面进行详细探讨。

1. 规范高校资金管理和使用

高校资金管理和使用的规范化是保障财务运作合规性和透明度的基础。因此,高校需要建立健全资金管理制度,包括资金使用权限、审批程序、财务报销等方面的规定。具体措施包括:

①设立专门的财务管理部门或机构,负责全面管理高校的资金。

②制定资金管理规章制度,明确资金使用程序和权限。

③强化内部控制,建立健全审批流程和监督机制,防止资金的滥用和浪费。

④定期开展财务审计,及时发现和纠正资金管理中存在的问题和漏洞。

2. 加强资金预算和监督

资金预算和监督是高校财务管理的重要环节,对于确保资金使用的合理性和效益具有重要意义。高校应当建立科学合理的资金预算制度,加强对资金使用的监督和评估,确保资金的有效利用。具体措施包括:

①制订年度和长期资金预算计划,明确各项支出的预算额度和用途。

②加强资金的监控和动态管理,及时掌握资金使用情况,调整预算计划。

③引入先进的财务管理软件和系统,实现资金的实时监控和分析,提高管理效率。

④建立健全资金使用绩效评价机制,对各项支出进行评估,确保资金使用率最大化。

3. 合理配置和利用资金,提高资金使用效率

高校资金的合理配置和有效利用是提高财务管理水平和保障高校发展的关键。因此,高校需要加强资金投资管理,提高资金使用率。具体措施包括:

①根据高校的发展战略和需求,科学规划资金的使用方向和重点领域。

②采取多种形式和渠道筹集资金,包括政府拨款、科研项目资助、社会捐赠等。

③加强资金投资管理，合理配置资金，选择稳健的投资项目和渠道，确保资金的安全性和增值效益。

④推动校企合作和产学研结合，充分利用资金，促进科研成果转化和经济效益实现。

综上所述，规范资金管理和使用、加强资金预算和监控及合理配置和利用资金，是高校财务管理的重要内容，对于提升高校财务管理水平和保障高校发展具有重要意义。高校应当认真落实上述措施，不断完善财务管理制度，提高资金使用率，为高校的可持续发展提供有力支撑。

（五）收入结构与多元化

高校作为教育和科研机构，其财务收入结构的多元化对于提高财务稳定性、促进可持续发展至关重要。本部分将从探索多元化的高校收入来源、发展产学研合作，以及开拓校企合作和社会资源共享三个方面展开讨论，以期提升高校财务收入水平和效益。

1. 探索多元化的收入来源

传统的高校收入主要来源于政府拨款、学费收入和科研项目经费，然而，这些传统来源的不稳定性和单一性已经不能满足高校发展的需要。因此，探索多元化的高校收入来源显得尤为重要。多元化收入来源的探索可以包括但不限于以下几个方面：

国际化招生与合作项目：积极吸引国际学生，开展国际化教育项目，拓宽高校的收入来源。同时，与国外高校、机构合作开展联合办学、交换生项目等，共享国际教育资源，增加收入渠道。

校园文化创意产业：发展校园文化创意产业，包括文化创意产品设计与销售、校园文化活动策划与举办等，通过文化创意产业的开发，实现校园文化资源的变现，拓宽高校收入来源。

社会公共服务：利用高校的人才和资源，开展社会公共服务，如举办专业培训、技术咨询、技能考核等服务，为社会提供优质服务，获取相应的收入。

知识产权运营：加强科研成果的知识产权保护与运营，通过专利授权、技术转让等方式实现知识产权的商业化运作，创造收入。

2.发展产学研合作，提升科技成果转化效益

产学研合作是高校多元化收入的重要途径之一。高校通过与企业合作开展科研项目、技术开发与转移等，将科研成果转化为实际生产力和经济效益，拓展收入来源。具体而言，可以采取以下措施：

建立合作机制：建立健全产学研合作机制，促进高校、企业和科研院所之间的合作交流，形成利益共享和风险分担的合作机制。

科技成果转化平台：建设科技成果转化平台，提供技术转移、技术咨询、技术服务等综合服务，为高校科研成果的商业化转化提供便利条件。

成果共享与激励：建立科技成果共享与激励机制，鼓励教师和科研人员积极参与产学研合作，分享科研成果所带来的收益。

3.开拓校企合作和社会资源共享

除了产学研合作外，校企合作和社会资源共享也是多元化高校收入的重要途径。高校通过与企业和社会资源进行深度合作，可以实现资源共享、优势互补，拓宽收入来源。具体而言，可以采取以下措施：

产业合作基地：建设校企合作基地，吸引企业进驻，共同开展科研、技术开发、人才培养等合作项目，实现资源共享与利益共赢。

技术转移与服务：利用高校的科研优势，为企业提供技术转移、技术咨询、技术服务等支持，获取相应的技术转让费和服务费。

资源共建共享：与政府、社会机构等合作，共建公共服务平台，实现资源共享，提供多样化的服务项目，为高校创造收入来源。

综上所述，探索多元化的高校收入来源、发展产学研合作，以及开拓校企合作和社会资源共享是提升高校财务收入水平和效益的重要举措。高校应根据自身条件和优势，积极开展相关工作，不断拓展收入渠道，实现财务收入的多元化和稳定化。

（六）支出管理与效益提高

在高校财务改革中，支出管理是至关重要的一环。有效的支出管理不仅可以控制成本，提高资源利用效率，还能够确保教学科研经费的合理使用，推动高校的整体发展。本部分对加强高校支出管理和控制、提高教学科研经费使用效益及推动采购、招标等过程的规范化和透明化等方面展开论述。

1. 加强高校支出管理和控制

高校的支出管理和控制是保障资金使用合理性和效益性的基础。首先，高校需要建立健全预算管理制度，明确各项支出的预算额度，并进行严格的预算执行和监督。其次，高校应当建立科学的财务审批制度，确保每一笔支出都经过合法程序和审核程序，杜绝财务管理中的违法违规行为。最后，高校还应加强对各项支出的监控和评估，及时发现和解决支出管理中存在的问题，确保支出的合理性、合规性和效益性。

2. 提高教学科研经费使用效益

教学科研经费是高校发展的重要支撑，其使用效益直接关系高校教学科研水平和竞争力的提升。为了提高教学科研经费的使用效益，高校可以采取以下措施：首先，加强对教学科研项目的管理和监督，确保经费使用符合项目要求和预期效果。其次，鼓励教师和科研人员开展具有创新性和实效性的科研工作，提高项目的科研成果转化率和社会效益。再次，加强对教学科研设备和实验室的管理，保障设备的正常运行和有效利用。最后，加强对教学科研经费的跟踪和评估，及时发现和解决存在的问题，提高经费使用效益和管理水平。

3. 推动采购、招标等过程的规范化和透明化

采购、招标等过程的规范化和透明化是保障高校财务管理公平、公正、透明的重要举措。首先，高校应当建立健全采购管理制度，明确采购流程和程序，规范采购行为，确保采购活动的合规性和公正性。其次，高校应当加强对采购过程的监督和审计，严格执行采购合同，加强对供应商的管理和评估，确保采购活动的真实性和有效性。再次，高校加强对招标活动的管理和监督，建立健全招标制度和评标标准，确保招标活动的公平、公正、透明。最后，高校还应加强对采购、招标等过程的信息公开和监督，接受社会各界的监督和评价，提高采购、招标活动的公信力。

综上所述，加强高校支出管理和控制、提高教学科研经费使用效益，以及推动采购、招标等过程的规范化和透明化，是高校财务改革中必须重视的几个方面。高校只有通过全面加强管理和监督，提高资源利用效率，才能够实现财务管理的科学化、规范化和透明化，以及可持续发展。

（七）风险防范与应对

在高校财务管理中，风险防范与应对是至关重要的环节。有效的风险管理可以保障高校财务的稳健运行，确保资金安全、规避损失，同时提升高校的整体经济效益和社会声誉。本部分对加强财务风险识别和评估、建立健全风险管理和应对机制、加强对外部环境变化的监测和应对能力等方面展开探讨。

1. 加强财务风险识别和评估

财务风险识别和评估是财务管理工作的基础，对高校财务管理至关重要。具体做法包括：

①制定风险识别和评估的标准和方法，确保全面、系统地识别各类风险。

②建立完善的风险识别和评估机制，包括风险清单、风险评估表等工具，定期对各项财务活动进行风险评估。

③强化对不同类型风险的识别和评估，包括市场风险、信用风险、操作风险等，以及高校特有的风险，如科研项目风险、校园安全风险等。

2. 建立健全风险管理和应对机制

在识别和评估风险的基础上，高校需要建立健全风险管理和应对机制，以便及时有效地应对各类风险。具体做法包括：

①设立专门的风险管理部门或岗位，明确风险管理的责任和权限。

②制定风险管理的流程和制度，确保风险管理的规范化和标准化。

③建立风险监控和预警机制，及时发现风险隐患，防患于未然。

④定期开展风险评估和应对演练，提升风险管理和应对能力。

3. 加强对外部环境变化的监测和应对能力

外部环境的变化会给高校财务管理带来各种风险挑战，因此，加强对外部环境变化的监测和应对能力至关重要。具体做法包括：

①建立健全外部环境监测体系，包括政策法规、市场变化、行业动态等方面的监测。

②及时分析和评估外部环境变化对高校财务管理的影响，提前制定相应的应对策略和措施。

③加强与政府部门、行业协会、企业等相关机构的沟通与合作，共同应对外部环境变化带来的风险挑战。

④不断优化和调整财务管理策略，提升高校财务管理的灵活性和适应性，确保高校财务的稳健运行。

风险防范与应对是高校财务管理工作中的一项重要任务，对于保障高校财务安全、推动高校经济发展具有重要意义。只有加强财务风险识别和评估，建立健全风险管理和应对机制，加强对外部环境变化的监测和应对能力，才能更好地应对各种风险挑战，确保高校财务的稳健运行。因此，高校应该高度重视风险管理工作，不断完善风险管理机制，提升风险管理水平，为高校的长期发展提供有力保障。

（八）信息化建设与智能化应用

信息化和智能化已经成为当今社会发展的主要趋势，对高校财务管理也提出了新的挑战和机遇。在高校财务改革中，推动信息化建设和智能化应用是关键的一环。本部分将对推动高校财务信息化建设、利用大数据和人工智能技术提高财务管理效率及加强信息安全保障和数据管理等方面进行探讨。

1. 推动高校财务信息化建设

随着信息技术的迅速发展，高校财务信息化建设已成为提高管理效率、优化服务质量的重要手段。推动高校财务信息化建设，首先，需要建立完善的信息化规划和体系，明确信息化的发展目标和路径；其次，需要整合现有的信息系统资源，建立统一的信息平台，实现数据资源共享和信息互通；最后，还需要加强对信息技术人才的培养和引进，确保信息化建设的技术支持和人才保障。高校财务信息化建设应注重系统的稳定性和安全性，采取有效措施保护信息系统的安全，防范信息泄露和攻击风险。

2. 利用大数据和人工智能技术提高财务管理效率

大数据和人工智能技术的发展为高校财务管理提供了新的思路和方法。通过收集、分析和挖掘海量的财务数据，可以发现隐藏在数据背后的规律和价值，为决策提供科学依据。在预算编制、资金管理、成本控制等方面，可以利用大数据技术进行精细化管理，实现资源的合理配置和利用。同时，人工智能技术的应用也可以提升财务管理的自动化水平，减少人力成本，提高工作效率。例如，可以利用人工智能技术开发财务管理的智能系统，实现财务流程的自动化处理和智能决策支持，提高管理效率和质量。

3.加强信息安全保障和数据管理

随着信息化建设的推进，信息安全问题日益凸显，数据管理成为财务管理的重要内容。加强信息安全保障和数据管理，首先，需要建立健全信息安全管理制度和规范，明确信息安全责任和权限；其次，需要采取有效的技术手段保护信息系统和数据资源的安全，包括加密技术、防火墙等；最后，还需要加强对数据的管理和监控，确保数据的完整性、可靠性和保密性。高校财务部门应加强对敏感数据的管控，建立权限管理机制，严格控制数据的访问和使用权限，防止数据泄露和滥用。

综上所述，推动高校财务信息化建设、利用大数据和人工智能技术提高财务管理效率及加强信息安全保障和数据管理，是高校财务管理的重要任务。只有不断提升信息化和智能化水平，才能适应时代发展的需要，提高管理效率和服务水平，推动高校财务管理向数字化、智能化方向发展。

（九）评估与监督机制

1.建立高效的财务管理评估机制

高校财务管理评估机制是确保财务管理效果和成效的重要手段。其核心是建立科学、客观、全面的评估体系，对高校财务管理的各项指标进行定量和定性评价，及时发现问题、分析原因、提出改进意见，推动高校财务管理的不断提升。具体来说，可以采取以下几项措施：

①设立专门的财务管理评估机构或部门，明确职责和权责，制定具体的评估标准和指标体系，包括财务管理效率、财务风险控制、财务监督和内控制度等方面。

②定期进行评估，可以是年度、半年度或季度评估，确保评估工作的连续性和及时性。

③结合实际情况，采用多种评估方法，包括定量指标分析、定性评价、案例分析等，形成全面的评估结果。

④对评估结果进行分析和总结，形成评估报告，及时向高校领导和相关部门反馈，为改进财务管理提供依据。

2.强化内部审计和监督机制

内部审计和监督是高校财务管理的重要组成部分，是财务管理的"内生性监督"机制。其主要任务是对高校财务管理制度和流程的执行情况进行全面检查和审计，发现违规行为和存在的问题，及时纠正和整改，确保财务管理的规范和有效。因此，可以采取以下措施：

①设立专门的内部审计机构或部门，明确职责和权限，保障其独立性和客观性。

②制订内部审计计划和年度工作计划，确保审计工作的全面性和针对性。

③定期开展内部审计活动，包括财务管理制度和流程的审查、资金使用情况的审计、风险控制和内控体系的评估等。

④对审计结果进行及时总结和分析，形成审计报告，向高校领导和相关部门提出改进建议，并跟踪整改情况。

⑤加强内部审计人员的培训和能力建设，提升其审计水平和专业素质。

3. 建立外部评估和监督机制，增强公信力

除了内部审计和监督，外部评估和监督也是保障高校财务管理规范和公正的重要手段。通过引入第三方机构或专业机构进行评估和监督，提高评估的客观性和公信力，为高校财务管理提供外部监督和引导。具体措施包括：

①建立高校财务管理的外部评估和监督机制，明确评估主体和评估对象，确保评估的客观、公正和独立。

②委托专业机构或第三方机构进行财务管理的评估和监督，确保评估的专业性和权威性。

③制定评估标准和指标体系，与内部评估相结合，形成全面的评估结果。

④对评估结果进行公开，接受社会监督和舆论监督，增强评估的公信力和影响力。

⑤结合评估结果，及时采取措施加强财务管理，提升高校财务管理水平和质量。

高校通过建立健全评估与监督机制，可以加强对财务管理的监督和管理，促进财务管理的规范和健康发展，提高高校财务管理效率和效果，更好地为高校的发展服务。

（十）社会参与与治理

1. 加强高校与社会各界的沟通与合作

高校作为社会的重要组成部分，其财务管理不仅是内部管理问题，更是社会各界关注的焦点。因此，加强高校与社会各界的沟通与合作显得尤为重要。

首先，高校应建立健全沟通渠道，积极主动地向社会传递财务管理情况和改革成果，增强透明度和互信。这可以通过定期发布财务报告、组织公开座谈会、建立专门的网络平台等方式实现。同时，高校还应加强与政府部门、行业协会、企业机构等社会组织的联系，共同探讨财务管理中存在的问题，寻求解决方案。

其次，高校应积极参与社会公益活动，回馈社会，树立良好的社会形象。例如，可以进行贫困地区支教、开展科普宣传活动、组织志愿者服务等，通过实际行动增强与社会各界的联系和合作。

2. 推动高校财务改革与社会治理相融合

高校财务改革是社会治理的重要组成部分，只有将高校财务管理与社会治理相融合，才能实现高校财务管理的科学化、民主化和法治化。

首先，高校应加强与政府部门之间的沟通与合作，形成高校财务管理的政府监管和社会监督机制。政府部门应加强对高校财务管理的监督和指导，建立健全考核评估机制，确保高校财务管理符合国家政策和法律法规的要求。同时，社会各界也应积极参与高校财务管理，通过舆论监督、社会评议等方式对高校财务管理进行监督和评价。

其次，高校应加强与企业、行业协会、社会组织等的合作，实现资源共享、信息互通。这不仅可以为高校提供更多的财务支持和服务，还可以为企业等提供人才培养、科研合作等方面的支持，促进经济社会的可持续发展。

最后，高校应加强与社会公众之间的沟通与互动，增强公众对高校财务管理的了解和支持。高校应通过开展系列活动、发布信息公告等方式，向社会公众传递财务管理信息，回应社会关切，创建良好的舆论环境，为高校财务改革提供社会动力和支持。

综上所述，加强高校与社会各界的沟通与合作，推动高校财务改革与社会治理相融合，这有助于提高高校财务管理效率和水平，实现高质量发展的目标。

第二节　高校财务创新的理念与实践

一、财务管理理念的创新

（一）财务管理理念的演变和创新趋势

1. 财务管理理念的历史演进

财务管理作为管理学的一个重要分支，其理念的演进历程可以追溯至古代文明。在早期的人类社会中，财务管理主要是以个体或家庭为单位进行简单的财务活动，主要目的是满足基本的生存需求。随着社会的不断发展和经济的进步，财务管理逐渐成为组织管理的一部分，其理念也得到了深化和拓展。

随着工业资本主义的兴起，财务管理理念逐渐形成了初步的框架。此时，企业开始出现大规模生产和复杂的组织结构，财务管理的核心逐渐从简单的资金管理转变为资金、资产和风险的综合管理。20世纪初期，美国管理学家如弗雷德里克·泰勒和亨利·福特等提出了科学管理和大规模生产的理论为财务管理的发展提供了理论基础和实践经验。

随着全球经济的快速发展和市场竞争的加剧，财务管理理念不断演进。20世纪中叶以来，现代财务管理理论逐渐形成，包括财务规划、资本预算、成本管理、财务分析等内容，这些理论和方法为企业的财务决策提供了科学依据和指导。

2. 财务管理理念的新趋势

随着信息技术的迅猛发展和全球化进程的加快，财务管理理念面临着新的挑战和机遇。当前，财务管理理念的新趋势可以总结如下：

数字化转型：数字化技术的广泛应用正在深刻改变财务管理的方式和方法。传统的财务管理主要依靠手工录入和处理数据，效率低下且容易出错。随着企业信息化程度的提升，财务管理逐渐实现了从纸质化到数字化的转型。现代财务管理系统可以实现财务数据的实时采集、分析和处理，为管理者提供及时准确的决策支持。

风险管理：随着全球经济不确定性的提高，企业面临的风险也在不断增加。有效的风险管理成为企业财务管理的重要内容之一。传统的风险管理主要依靠经验，存在主观性和局限性。而现代财务管理借助风险管理工具和模型，可以对各类风险进行科学识别、评估和应对，从而降低企业面临的风险。

可持续发展：可持续发展理念的提出为财务管理带来了新的挑战和机遇。传统的财务管理主要关注企业的短期经济利益，忽视了对环境和社会的影响。而可持续发展要求企业在追求经济效益的同时，也要考虑环境、社会和治理的影响，实现经济、环境和社会的三重效益。现代财务管理需要在实现企业经济利益的同时，积极履行社会责任，促进可持续发展。

智能化决策：人工智能和大数据技术的快速发展催生了智能化决策。传统的财务管理决策主要依靠管理者的经验，存在主观性和不确定性。而智能化决策可以通过分析海量的财务数据和市场信息，快速准确地制定决策方案，提高决策的科学性和效率性。

综上所述，随着时代的发展和经济的变化，财务管理理念也在不断演进和创新。未来，随着信息技术的进一步发展和全球化进程的深入推进，财务管理理念将继续向着数字化、风险管理、可持续发展和智能化决策等方向发展，为企业的持续发展提供有力支持。

（二）适应高校财务管理需求的新理念和模式

在当今快速发展的高校教育环境中，财务管理扮演至关重要的角色。传统的财务管理理念和模式已经难以满足日益增长的高校财务需求。因此，为适应高校财务管理的新需求，弹性财务管理理念和可持续财务管理模式应运而生。本部分将深入探讨这两个新理念和模式，并分析它们在高校财务管理中的应用。

1. 弹性财务管理理念

弹性财务管理理念强调在不断变化的环境中灵活应对。传统的财务管理往往以稳健性为主，更注重财务安全和风险控制，而弹性财务管理则更加注重灵活性和适应性。在高校财务管理中，弹性财务管理理念体现在五个方面。

预算弹性化：传统预算往往是一份静态的计划，难以应对变化。弹性财务管理下的预算更加灵活，可以根据实际情况进行调整和重新分配，以适应不断变化的需求和环境。

资源配置优化：高校财务管理需要在有限的资源下实现最优化配置，弹性财务管理理念强调根据不同时期和情况灵活调整资源配置，最大限度地满足教育教学和科研需求。

风险管理与应对：弹性财务管理注重对各种风险的识别和应对，不仅要有有效的风险管理机制，还要有灵活的危机处理能力，以应对突发情况对财务状况的影响。

信息化支持：弹性财务管理需要借助信息技术手段，实现财务数据的及时采集、分析和反馈，以便做出调整和决策。

绩效评价与激励：弹性财务管理下的绩效评价不仅要关注财务指标，还要考虑非财务指标，鼓励创新和变革，激励相关部门和个人适应变化。

弹性财务管理理念的引入，使高校财务管理灵活性、适应性更强，有助于提高高校财务管理效率和效益。

2. 可持续财务管理模式

可持续财务管理模式是指在满足当前需求的同时，考虑未来的发展和资源的长期可持续利用。在高校财务管理中，可持续财务管理模式强调五个方面。

长期规划与投资：高校需要制定长远的财务规划，合理安排资金投资，确保未来发展需求得到满足。投资方向不仅要关注教育教学设施建设，还要考虑科研创新和人才培养等方面。

节约资源与环保：可持续财务管理模式强调节约资源和保护环境，提倡绿色办学理念。在校园建设和运营中，应采取节能减排、资源循环利用等措施，降低财务成本的同时，保护环境。

社会责任与公益投入：高校作为社会责任的承担者，应当将一定比例的财务资源投入公益事业中，支持社会发展和教育公平，实现社会效益最大化。

风险防范与应对：可持续财务管理模式注重风险防范和危机应对，通过建立健全风险管理机制，预防财务风险的发生，并及时应对已经发生的风险事件，保障财务安全和稳定。

跨界合作与创新：在可持续财务管理模式下，高校需要与企业、政府和社会组织等跨界合作，共同推动教育事业的发展和财务管理的创新，实现资源共享和优势互补。

通过引入可持续财务管理模式，高校可以实现财务管理的长期可持续发展，为未来的教育事业奠定坚实的财务基础。

3.弹性财务管理与可持续财务管理相结合

弹性财务管理和可持续财务管理并非相互独立，而是可以相互促进、相互补充的。弹性财务管理注重灵活性和适应性相结合，而可持续财务管理注重长期规划和资源可持续利用，二者相结合可以实现财务管理的全面优化。

在高校财务管理实践中，可以通过弹性财务管理的灵活机制，及时应对外部环境和内部需求的变化，保证财务管理的灵活性和适应性；同时，借助可持续财务管理模式的长期规划和资源优化，实现高校财务管理的长期可持续发展，为高校的稳定发展提供坚实的财务支持。

弹性财务管理理念和可持续财务管理模式的引入，为适应高校财务管理的新需求提供了重要的理论指导和实践路径。高校可以结合自身实际情况，积极探索和实践这两种新理念和模式，在提升财务管理水平的同时，实现教育事业的可持续发展。弹性财务管理与可持续财务管理，相辅相成，共同构建高校财务管理的新模式，助力高等教育事业蓬勃发展。

二、高校财务管理实践的创新

（一）数据驱动的财务决策

在高校财务管理领域，数据驱动的财务决策已经成为一种必然趋势。传统上，高校的财务管理主要依赖于历史数据和经验，但随着信息技术的不断发展和广泛应用，越来越多的高校开始意识到数据的重要性，并将其纳入财务决策的过程中。数据驱动的财务决策不仅可以提高决策的科学性和准确性，还可以帮助高校更好地应对复杂多变的内外部环境。

首先，数据驱动的财务决策可以通过对大数据的分析来实现。高校拥有大量的财务数据，包括预算、收支、资产负债表等，这些数据蕴含着丰富的信息和规律。高校通过采用数据挖掘、机器学习等技术，可以从海量数据中发现隐藏的关联和趋势，为决策提供科学依据。例如，高校可以通过分析历史数据预测未来的财务状况，制订更加合理的预算和资金分配计划；可以通过对支出结构的分析优化资源配置，降低成本，提高效益。

其次，数据驱动的财务决策可以通过建立数据化的决策模型来实现。基于历史数据和实时数据构建各种财务决策模型，如风险评估模型、投资决策模型、绩效评价模型等。这些模型可以帮助高校领导和财务管理人员更加全面地了解当前的财务状况和风险，做出明智决策。例如，可以建立基于大数据的信用评级模型，对高校的供应商和合作伙伴进行信用评估，降低合作风险；可以建立投资组合优化模型，优化高校的资产配置，提高投资收益率。

最后，数据驱动的财务决策可以通过智能决策支持系统来实现。智能决策支持系统是一种基于人工智能技术的软件系统，能够自动化地进行数据分析和决策推荐，为高校的管理者和财务管理人员提供智能化的决策支持。这些系统不仅可以提高决策的效率和准确性，还可以减小人为因素对决策的影响，减少决策的偏差和风险。例如，财务预警系统，能够实时监测高校的财务数据，及时发现异常情况并提出预警，帮助高校采取措施应对风险。

总的来说，数据驱动的财务决策是高校财务管理实践的一个重要创新，可以帮助高校更加科学地进行财务管理和决策，提高财务管理效率和水平。

（二）人工智能在财务管理中的应用

随着人工智能技术的不断发展和应用，越来越多的高校开始探索将人工智能应用于财务管理中，以提高管理效率、降低成本、提升服务水平。人工智能在财务管理中的应用主要体现在四个方面。

数据处理和分析：人工智能可以帮助高校实现大规模数据的快速处理和分析。通过采用自然语言处理、图像识别、模式识别等技术，对海量的财务数据进行自动化处理和分析，从中发现潜在的规律和趋势，为决策提供科学依据。例如，利用人工智能技术对财务报表进行自动化处理和分析，实现财务数据的快速清洗、归类、汇总和分析，节省大量的时间和人力成本。

预测和决策支持：人工智能可以帮助高校实现财务预测和决策支持。通过采用机器学习、深度学习等技术，建立各种财务预测模型和决策支持系统，对高校的财务状况和风险进行预测和评估，为决策提供智能化的支持。例如，利用机器学习技术对高校的财务数据进行历史分析和趋势预测，为高校的预算编制、资金分配、投资决策等提供科学依据。

自动化和智能化：人工智能可以帮助高校实现财务管理的自动化和智能化。通过采用机器人流程自动化、智能客服等技术，实现财务流程的自动化执行和智能化服务，提高管理效率和服务水平。例如，利用机器人流程自动化技术实现财务报销流程的自动化处理，实现报销单的自动识别、审核、审批和支付，减小人为因素对流程的影响，提高处理效率和准确性。

风险管理和安全保障：人工智能可以帮助高校实现财务风险管理和安全保障。通过采用数据挖掘、异常检测等技术，实现对财务数据的实时监测和异常识别，及时发现和应对潜在的风险和安全隐患。例如，利用数据挖掘技术对高校的财务数据进行异常监测，发现异常交易和欺诈行为，保障财务安全和稳定。

综上所述，人工智能在财务管理中的应用可以帮助高校实现数据驱动的财务决策、提高管理效率、降低风险成本、提升服务水平，是高校财务管理实践的重要创新。随着人工智能技术的不断发展和应用，其在高校财务管理中的作用将越来越重要。

（三）财务管理创新对高校管理效率和效益的影响

随着教育产业的快速发展，高校管理效率和效益的提升成为各大高校追求的目标之一。而财务管理作为高校管理的重要组成部分，其创新对于高校管理效率和效益的提升具有重要意义。

1. 提高管理效率

（1）财务管理创新对高校管理效率提升的影响因素

科技发展：随着信息技术的不断发展，各种财务管理软件和系统的出现为高校提供了更多管理工具和手段，从而提升了管理效率。例如，财务管理系统的智能化和自动化能够减少人力成本和时间成本，提高管理效率。

管理理念变革：传统的财务管理理念以节约成本为主，而现代财务管理强调以价值为导向，注重风险管理和投资回报，这种理念的变革促使高校更加注重财务管理的创新，从而提高管理效率。

人才队伍建设：高校财务管理人才的培养和引进对于财务管理创新至关重要。具有专业知识和实践经验的财务管理人员能够更好地应用新技术和理念，推动财务管理的创新，提高管理效率。

外部环境变化：外部环境的不断变化也是促使高校财务管理创新的重要因

素。例如，经济全球化和市场竞争的加剧，使高校需要更加灵活和高效地运用财务资源，这就要求财务管理不断创新，以适应外部环境的变化。

（2）财务管理创新对高校财务流程和决策的优化作用

优化财务流程：财务管理创新可以通过简化和优化财务流程来提高管理效率。例如，采用电子化的财务流程管理系统实现财务流程的自动化和信息的实时共享，减少烦琐的手工操作和沟通环节，提高财务流程效率。

提升决策支持能力：财务管理创新可以为高校提供更加准确和及时的财务信息，为管理决策提供支持。例如，利用数据分析和预测模型对财务数据进行深度挖掘和分析，为高校领导提供更加科学的决策依据，从而提高管理效率和决策的准确性。

促进资源配置优化：财务管理创新可以帮助高校实现资源的合理配置和优化利用。高校管理者通过财务数据的分析和监控，及时发现资源使用中的问题和瓶颈，从而快速调整和优化资源配置，提高资源利用效率和经济效益。

财务管理创新对于高校管理效率和效益的提升具有重要作用。科技发展、管理理念变革、人才队伍建设和外部环境变化是影响财务管理创新的重要因素。财务管理创新可以通过优化财务流程、提升决策支持能力和促进资源配置优化来提高高校管理效率和效益。因此，高校应当重视财务管理创新，不断探索和实践，以适应时代发展的需要，提升自身的竞争力和可持续发展能力。

2. 实现管理效益

（1）财务管理创新对高校财务效益的影响机制

财务管理创新对高校财务效益的影响机制主要体现在以下几个方面：

提高财务信息化水平：财务管理创新可以推动高校财务信息化水平的提升，包括财务数据的数字化、系统化管理和信息共享，从而提高决策的科学性和准确性。通过建立财务管理信息系统，实现对各项财务数据的实时监控和分析，高校管理者可以更加及时地了解财务状况，快速调整策略，降低管理成本，提高财务效益。

优化资金运作方式：财务管理创新可以通过引入现代金融工具和理念，优化高校资金运作方式，提高资金利用效率和收益水平。例如，通过开展金融衍生品交易、积极参与资本市场投资等方式，实现资金的多元化运作，降低资金成本，增加资金收益，提高高校的财务收入和效益。

强化成本管理与控制：财务管理创新可以促使高校加强成本管理与控制，实现资源的合理配置和利用。通过建立全面的成本核算体系，深入分析和评估各项成本支出，高校可以发现和解决存在的浪费和不合理现象，提高资源利用效率，降低管理成本，从而提高高校的财务效益。

（2）创新对高校资源配置和风险管理效果的提升

财务管理创新对高校资源配置和风险管理效果的提升主要表现在以下两个方面：

优化资源配置：财务管理创新可以促使高校实现资源的优化配置，提高资源利用效率和经济效益。通过建立科学的财务预算和审计制度，加强对资源的监控和评估，高校可以更加合理地配置各项资源，确保资源的合理利用和最大化效益。

提升风险管理水平：财务管理创新可以帮助高校提升风险管理水平，有效应对各种内外部风险，减小风险对高校财务稳定性和安全性的影响。通过建立健全风险管理体系，加强对各项风险的监测和评估，及时发现和解决存在的潜在风险，采取有效措施降低风险发生的可能性和影响，确保高校财务的稳健运行。

参考文献

[1] 金俊荣.财务管理信息化的构建研究[D].南京：南京邮电大学，2015.

[2] 潘思彤.基于BSC的高校预算管理研究[D].杭州：杭州电子科技大学，2020.

[3] 宾扬帆.S高校财务预算控制优化研究[D].长沙：长沙理工大学，2014.

[4] 黄桂英.D民办高校财务风险管理研究[D].西安：西安建筑科技大学，2021.

[5] 熊娜，撒晶晶，曾春丽，等.政府会计改革对高校财务管理的影响[J].会计之友，2018（3）:20-23.

[6] 刘正兵.基于财务风险管控视角的高校内部控制框架体系构建研究[J].苏州大学学报（哲学社会科学版），2013，34（2）:120-124.

[7] 段世芳.新会计制度下财务管理模式探讨[J].企业经济，2013，32（3）:181-184.

[8] 蔡雪辉.内部控制视角下高校财务管理探究[J].南京审计学院学报，2013，10（3）:104-110.

[9] 许江波，李春龙.中国高校预算管理现状调查与思考[J].经济与管理研究，2011（5）:118-122.

[10] 钟灿涛.高校科研经费管理问题的深层原因与对策分析[J].研究与发展管理，2011，23（6）:100-104.

[11] 黄力.高校财务管理应对发展新趋势研究[J].教育财会研究，2004（5）:48-51.

[12] 张燚，张锐，高伟.高校利益相关者理论的研究现状及趋势[J].高教发展与评估，2009，25（6）:16-28，109-110.

[13] 李丹.中国高校财务制度研究[D].长春：吉林大学，2012.

[14] 黄韬.高校财务管理内部控制的探讨[J].中央财经大学学报,2015（S2）:55-62.

[15] 王春晖,姚冠新,刘牧.高校财务治理绩效评价体系构建研究——基于平衡计分卡视角[J].会计之友,2022（3）:128-134.

[16] 李永宁.高校财务管理目标的转变及实现路径[J].财会月刊,2006（14）:12-14.

[17] 陈彩勤,魏东平,茹家团.基于AHP法的高校综合绩效评价模型构建与应用[J].会计之友,2017（10）:103-108.

[18] 彭海颖.高校财务管理目标及财务评价指标体系设计的思考[J].统计与决策,2005（11）:113-114.

[19] 郭敏.国外高校财务预算绩效目标管理经验与启示[J].教育财会研究,2019,30（1）:68-72.

[20] 王霞,吴岚.基于财务共享的高校管理会计人才培养研究[J].商业会计,2017（17）:126-127.

[21] 徐奕舒,王春晖,胡志斌.财务管理目标视角下高校科研经费管理探析[J].南京医科大学学报（社会科学版）,2014,14（4）:332-335.

[22] 殷佳雪.全面预算在高校财务管理中的应用[J].生物技术世界,2016（4）:290.

[23] 吴胜,苏琴.基于云会计的高校财务决策问题探微[J].财会月刊,2018（11）:31-35.

[24] 陈东.浅谈高校财务决策支持系统及其构建[J].财会通讯,2011（16）:126-127.

[25] 方志坚,高滢.基于数据挖掘的高校财务决策支持系统的研究[J].行政事业资产与财务,2019（5）:30-31.

[26] 陈云霏.数智化技术驱动下高校智能财务决策的内涵、要素与体系构建[J].财会通讯,2023（18）:154-160.

[27] 温振丹,吴永谊.高校财务决策支持和智能化转型方案研究[J].中国教育信息化,2022,28（12）:93-98.

[28] 张丽.基于模糊综合评价法的高校财务预算绩效评价研究[J].会计之

友，2017（6）:76-79.

[29] 刘春.高校财务预算管理流程改进和优化[J].浙江工业大学学报（社会科学版），2010，9（3）:290-295.

[30] 赵善庆.公立高校固定资产管理新模式的构建——基于财务预算角度[J].财会月刊，2015（31）:22-25.

[31] 郭银清.美国高校预算管理经验与借鉴[J].财会通讯，2011（8）:120-121.

[32] 魏姗琳.基于财务预算视角的广东省高校固定资产管理模式研究[D].广州：广东工业大学，2011.

[33] 徐明稚，张丹，姜晓璐.基于现金流量模型的高校财务风险评价体系[J].会计研究，2012（7）:57-64，97.

[34] 曹升元.高校财务风险管理研究[D].长沙：中南大学，2008.

[35] 雷振华，邹果.内部控制视角下高校财务风险预警指标体系的构建[J].财务与会计，2014（10）:57-58.

[36] 张文玲.基于现金流量的高校财务风险评价体系设计[J].财会通讯，2017（11）:104-106.

[37] 黄海波，刘飞虎.基于功效系数法的高校财务风险警情测度模型研究[J].哈尔滨商业大学学报（社会科学版），2011（2）:86-90.

[38] 吴海鹏.基于Logistic回归分析的高校财务风险预警研究[J].会计之友，2012（35）:100-103.

[39] 乔春华.论高校财务透明度[J].教育财会研究，2010，21（4）:11-17.

[40] 陶元磊，李莹.开放与治理：基于利益相关者视角的高校财务透明度体系构建[J].财会月刊，2019（17）:23-29.

[41] 曾语倩.新型高校财务透明度优化路径的研究[J].财会学习，2021（16）:39-40.

[42] 申亮，江淑浼，刘敏.现代大学制度建设中的高校财务透明度问题研究[J].经济与管理评论，2017，33（2）:96-102.

[43] 王守军.我国高校财务领域有效问责与办学活力问题[J].清华大学教育研究，2010，31（2）:113-118，124.

[44] 蔡玲玲.基于问责机制的高校内部控制建设[D].济南：山东大学，2014.

[45] 么立华.中国公立大学财务治理模式创新研究[D].长春：东北师范大学，2013.

[46] 朱明琪.论高校财务内控体系的完善[J].中国总会计师，2016（9）:132-133.

[47] 戴勇姣，颜剩勇，欧阳璐璐.高校财务内部控制现状与对策研究[J].当代教育理论与实践，2016，8（1）:158-161.

[48] 邓敏，刘文宇，马蕾.基于现代大学制度下的高校社会责任研究[J].技术经济与管理研究，2015（2）:42-46.

[49] 吴秀林，封伟.高职院校财务风险与社会责任融合对接探讨[J].财会通讯，2014（32）:119-121.

[50] 侯晓华，周良钧.企业社会责任视角下的民办高校财务管理优化研究[J].企业导报，2013（16）:29-30.

[51] 李华军.高校内部财务治理影响因素及治理成效分析——基于54所高校的问卷调查[J].会计之友，2018（7）:141-145.

[52] 陈爱东，唐静.论高校内控制度的完善和财务风险的管理——基于内部治理的视角分析[J].会计之友（中旬刊），2009（4）:42-43.

[53] 胡素英.我国高校财务治理中的财权配置现状与优化[J].浙江大学学报（人文社会科学版），2019，49（4）:195-206.

[54] 许敏，钱一奇.人工智能在高校财务治理中的应用探索[J].会计之友，2019（14）:29-31.

[55] 谢立本，李华军，冯汉杰.我国高校财务信息公开现状及治理对策研究[J].会计之友，2015（11）:111-114.

[56] 乌婷，权凯.适应一流大学建设的高校财务治理创新探讨[J].会计之友，2017（1）:110-113.

[57] 教育部赴美教育经费监管培训团，王守军，刘景，等.美国高校经费监管的主要做法与启示[J].教育财会研究，2014，25（2）:3-8，2.

[58] 杨秀梅，黄骥.构建高校财务监管体系的探讨[J].财会研究，2010

（8）:73-75.

[59] 胡方年.新时期高校财务监管问题研究[J].教育财会研究,2012,23(6):31-33.

[60] 吕宏迪,翁绍华,孙海波.加强高校科研经费财务监管工作对策探析[J].北方经贸,2013(10):73-74,76.

[61] 祁守成.浅议新时期高校财会队伍建设[J].中小企业管理与科技（下旬刊）,2010（6）:74-76.

[62] 林仰晴.高质量发展下的高校财会人才队伍建设研究[J].商业会计,2021（13）:113-115.

[63] 张寅晓.高校会计人才队伍的分析及建设机制[J].现代经济信息,2016（16）:166-167.

[64] 裴三宝,谢瑶环.财务转型期高校会计队伍建设研究[J].中外企业家,2019（27）:10.

[65] 丁友刚,吴玮琼,刘阳,等.高校财务信息化建设的历程、趋势与内涵[J].会计之友,2021（9）:116-124.

[66] 李华丽.对高校财务信息化建设问题的探讨[J].中国信息界,2010（6）:64-66.

[67] 蔡雪辉.大智移云时代高校财务工作的挑战与创新[J].会计之友,2018（24）:65-68.

[68] 刘斌,谭翀,郭珊珊.基于政府会计制度的高校财务信息化建设探析[J].会计之友,2020（14）:51-56.

[69] 吴珍.大数据背景下高校财务管理信息化建设研究[J].财会学习,2018（1）:47-48.

[70] 李玉倩.数字校园视角下高校财务管理信息化建设[J].财会通讯,2015（1）:105-107.

[71] 谢秋玲,崔斌,张珊,等.智慧校园视角下高校财务管理信息化顶层设计研究[J].青岛科技大学学报（社会科学版）,2019,35（4）:58-62.

[72] 陈义明.政府会计改革背景下高校财务管理创新研究[J].教育财会研究,2017,28（2）:15-17,21.

[73] 白冰.新时期高校财务预算改革与绩效管理实践探索[J].经济师，2015（6）:196-197.

[74] 张荃香.政府会计制度改革对高校财务管理创新影响研究[J].会计师，2019（7）:32-33.

[75] 吴乐.帕利普财务分析体系在高校的应用研究[J].会计之友，2018（5）: 117-119.

[76] 应益华，郭锦珍.基于可持续发展视角的民办高校财务风险管理研究[J].商业会计，2017（13）:85-88.

[77] 李靓.浅析我国高校可持续发展中的财务管理[J].中国集体经济，2008（27）:172-173.

[78] 张抗.高校可持续发展的财务战略文献综述[J].当代会计，2014（7）: 51-53.

[79] 毛庆，吴国斌.自主发展模式的高校财务可持续发展研究[J].会计之友，2014（13）:112-114.

[80] 高山，王静梅.基于可持续发展的高校财务战略选择[C]//中国会计学会.中国会计学会财务管理专业委员会2009年学术年会论文集.南京中医药大学经贸管理学院，2009:5.

[81] 傅东芳.基于大数据发展分析我国高校财务会计未来趋势[J].财会学习，2018（24）:108，110.